986

Über das Buch:
In seinem neuen Buch begleiten die Leser Christoph Biermann bei seiner Arbeit auf den Fußballplätzen dieser Welt: Er trifft die Großen des Spiels und die Unbekannten, oder er schaut zehn Stunden Fußball am Stück im Fernsehen. Mit offenem Blick analysiert er das Spiel von Arsenal London und den Führungsstil von Trainern. Biermann erzählt die Geschichte eines Fußballprofis, der im Training einen Baum umarmen soll, und verbringt einen Abend in der Church of Werder Bremen. Dann entschlüsselt er das Rätsel von Leberweiß und klärt den Unterschied von spielorientiert und tabellenorientiert. Er beantwortet die Fragen, was gebauter Jubel ist und ob Journalisten Schiris beleidigen dürfen. Er weiß von Ottmar Hitzfeld in Lebensgefahr zu berichten, schreibt die ganze Wahrheit über Bernd Hölzenbeins Schwalbe im WM-Finale 1974 und lässt sich vom brasilianischen Stürmer Ailton erklären, wie man einer Kuh am Schwanz zieht. Man lernt die goldenen Regeln des Fußballjournalismus und die zehn besten Fangesänge kennen. Biermann erzählt vom Champions-League-Jubel auf einer Lokomotive in Norddeutschland, von der Fahrt in einem Bus zur Mixed Zone in Ägypten und wie ihn Günter Netzer ganz schön lobte. Und selbstverständlich sind alle Geschichten absolut wahr.

Der Autor:
Christoph Biermann, geboren 1960, lebt in Köln als Sportkorrespondent des Spiegel von Spiegel Online und als freier Autor u. a. für taz und 11 Freunde. Dass auch in seinem neuen Buch ziemlich oft der VfL Bochum vorkommt, ist kein Zufall.

Weitere Titel bei Kiepenheuer & Witsch:
»Wenn Du am Spieltag beerdigt wirst, kann ich leider nicht kommen«, 1995, KiWi 383. »Der Ball ist rund, damit das Spiel die Richtung ändern kann« (mit Ulrich Fuchs), 2002, KiWi 702. »Aus spitzem Winkel« (mit Marcel Reif), 2004. »Fast alles über Fußball«, 2005, KiWi 910. »Deutschland. Ein Sommermärchen« (mit Sönke Wortmann), 2006, KiWi 970.

Christoph Biermann

Wie ich einmal vergaß, Schalke zu hassen

Wahre Fußballgeschichten

Kiepenheuer & Witsch

1. Auflage 2007

© 2007 by Verlag Kiepenheuer & Witsch, Köln
Alle Rechte vorbehalten. Kein Teil des Werkes darf in irgendeiner Form
(durch Fotografie, Mikrofilm oder ein anderes Verfahren) ohne
schriftliche Genehmigung des Verlages reproduziert oder
unter Verwendung elektronischer Systeme verarbeitet,
vervielfältigt oder verbreitet werden.
Umschlaggestaltung: Barbara Thoben, Köln
Illustration auf dem Umschlag: © Stefanie Naumann, Köln
Gesetzt aus der Sabon und Syntax
Satz: hanseatenSatz-bremen, Bremen
Druck und Bindearbeiten: Clausen & Bosse, Leck
ISBN 978-3-462-03792-0

Inhalt

Vorwort 11

Heimspiele 15

Verdammtes Leberweiß! 17
Zugfahrt ins Glück 20
Unterhose lebenslang 23
Fußball total 26
Stockholm-Syndrom und mildtätiger Schal 29
Versammlung der Allerblödesten 32
Mein Freund der Baum 35
Schöner aufsteigen 38
The Church of SVW 41

Auf der Bank 45

Der Brandmeistertrainer 47
Nümmerchen zur Entspannung 50
Die Stimme der Aufklärung 53
I hate my dick! 60
Whiskey mit Salvador Allende 63
Das Latour-Prinzip 66
Begegnungen mit Gott 68

Selber spielen 77

Die Botschaft der Wade 79
Hodenstopp 82
George Best von Herne 85
Das teuflische Trikot
  (oder: Die Rückkehr der Wade) 88

Im Grenzbereich 91

Bei Kim Il Assauer in Pyönkirchen 93
Mit dem Flammenwerfer 96
Was schön ist 99
Fußballgottesbeweis 102
Allianz der Ausbeiner 104
Die beste Angst 106
Do-it-yourself-Voodoo 108
Hekatomben von Schnipseln 111
Vom Ball aufgezeichnet 114
Gesetz zur WM-Notwehr 117
Hingabe und Tod 120

Auf der Pressetribüne 123

Als Günter Netzer mich
  einmal ganz toll fand 125
Die Lesefrucht 128
Fankurve '76 131
Oplichter 134
Goldene Regeln des Fußballjournalismus 136
Die Strafe Babylons 139
Verdammter Zoff 142
Das Fußballgericht tagt 145
Hurra, hurra, das Sonderheft ist da 148

Die WM war nicht so toll 150
Wie ich einmal vergaß, Schalke zu hassen 153

Im Trikot 157

Being Bernd Hölzenbein 159
Being Bernd Hölzenbein (revisited) 162
Arsenalisten und Anarchisten 165
Frag mich nicht 169
Der schöne Tanz mit den Hässlichen 172
Ailton zieht der Kuh am Schwanz 175
Die Geburt des Bösen 178
Für immer jung 181
Die Kunst des Freistoßes 184

Auswärtsspiele 187

Hundert Elefanten im Stadion 189
Eurovision 2000 192
Heut lass ma' rennen unser'n Schmäh 194
Das dunkle Königreich 197
Unterm Eis 200
Im Motel 202
Kick am Telefon 204
Land der Besiegten 207
Ausgerechnet Ptaszynski! 214
Wir sehen alle gleich aus 217
Bus zur Mixed Zone 220

Vorwort

Am schönsten wird es zumeist, wenn die Arbeit getan und der Kassettenrekorder ausgeschaltet ist. Die Anspannung verfliegt und Joachim Löw etwa lehnt sich zurück. Der Bundestrainer spricht nun zwar nicht ganz anders, aber auch er redet selbstverständlich lieber jenseits eines offiziellen Interviews über Fußball. Dann kann er freier über das Defensivspiel der Italiener sprechen, offener die Stärken seiner Stürmer abwägen, und bald geht es beim Gespräch mit dem ersten Trainer des Landes nicht viel anders zu als überall dort, wo über Fußball geredet wird.

Eigentlich ist es seltsam, dass es in der deutschen Sprache keinen Begriff für das gibt, was die Italiener *calcio parlato* nennen. Denn auch bei uns ist der *gesprochene Fußball* nicht minder wichtig als der auf dem Rasen gespielte. Der Stoff ist schließlich nicht nur für einen Nationalcoach uferlos. Die Fragen gehen auch seinen Kollegen, ihren Spielern, den Reportern, vor allem aber den Fans nie aus. Warum ging dieses Spiel verloren und wurde jenes gewonnen? Wer ist gerade der beste Spieler in welcher oder für welche Mannschaft? Oder wir diskutieren bis zur Erschöpfung die Zukunftsverläufe im Fußball, ob nur jene der zweiten Halbzeit eines Spiels oder die Aussichten für die kommende Partie, den Rest der Saison oder folgende Spielzeiten.

Ein besonderes Privileg des Fußballjournalisten ist es, mit dem Bundestrainer darüber zu reden, oder all den anderen, die bestimmen, was gespielt wird. Doch ihre Einschätzungen sind nicht notwendigerweise anregender als jene von normalen Fans, die oft verblüffend scharfsinnig verfolgen, was auf dem Rasen passiert, und darüber hinaus oft ein besseres Gefühl für die Kultur des Fußballs haben. Sind sie es doch, die das Spiel mit ihren Gefühlen so aufladen, dass es erst Bedeutung bekommt. Die Anhänger sorgen oft für die obsessivsten Redebeiträge, doch erst alle zusammen tragen zu der Vielstimmigkeit beim Sprechen über Fußball bei, die es so reich und weitverzweigt macht.

Auch dieses Buch ist *gesprochener Fußball* einerseits ganz einfach deshalb, weil viele der hier aufgeschriebenen Geschichten aus Gesprächen über Fußball erwachsen sind. Dazu gehören für mich denkwürdige Begegnungen wie jene mit Ottmar Hitzfeld, in der er noch einmal das Grauen der letzten Minuten des Finales der Champions League 1999 durchschritt, als er mit dem FC Bayern gegen Manchester United verlor. Es war das nicht unkomische Ringen des Weltmeisters Bernd Hölzenbein mit den Schatten der Vergangenheit oder ein schlicht schöner Abend bei einem Spiel der dritten Liga in Österreichs Hauptstadt Wien. Weil es beim Fußball selten nur um Fußball geht, drehen sich diese Geschichten um brasilianische Rodeos und rätselhaftes Leberweiß, um den Donner von Überschriften und die Welt der Fernsehbeweise. Sie spielen um die Ecke in Siegen und im fernen Seoul, unter Brücken und in Zügen, auf Ascheplätzen und in Elektromärkten.

Überall wird über oder vom Fußball gesprochen, und die Texte in diesem Buch sind als Redebeiträge zu verstehen. Sie versuchen, mal die Antworten auf vielfach gestellte Fragen, mal zu solchen, die seltener oder nie aufgeworfen werden, zu geben. So geht es nicht nur darum, welche Rolle das Glück bei Sieg und Niederlage spielt, sondern auch um ein bizarres Handyverbot im ägyptischen Nationalstadion. Die Geschichten sind persönlich bei reißenden Muskelfasern während eines Hobbykicks oder sind bei der Erörterung der zehn besten Sprechchöre ganz grundsätzlich. Sie erkunden mal die Kunst des perfekten Freistoßes oder ein dunkles Königreich der Fußballgewalt.

Ein Buch kann selbstverständlich kein Gespräch führen, aber dieses soll sich so lesen, als würde man einem Gespräch lauschen, und bestenfalls gleich die Vorlagen für mehr *gesprochenen Fußball* liefern. Auf dass wir uns eines Tages auch in unserer Sprache einen Begriff dafür verdient haben.

Köln, März 2007

Heimspiele

Verdammtes Leberweiß!

Endlich wollte ich auch mitmachen, hob die Hände, begann zu klatschen und stimmte mit in den Sprechchor ein. Zuvor hatte ich mich dem Fanblock auf der Osttribüne eher vorsichtig genähert. In meinen ersten Jahren im Stadion an der Castroper Straße, das später Ruhrstadion heißen sollte, bevor es den Namen eines Sponsors bekam, hatte ich zunächst bei den Rentnern gestanden, die halblaut unter ihren Schiebermützen hervormaulten, oder mich an einzelgängerischen Tagen in die Ecke verzogen, wo die wenigsten Besucher standen. Inzwischen aber war die neue Stehtribüne fertiggestellt worden, unter deren Dach sich die Rufe für den VfL Bochum zu einem – wie ich fand – Orkan verstärkten. Da musste ich hin.

»Oh Leberweiß, oh Leberweiß, olé«, riefen Hunderte direkt hinterm Tor des Gegners. Ich weiß nicht mehr, gegen wen es ging und wie das Spiel stand, aber das war in diesem Moment auch nicht wichtig. Den viele Meter langen Schal in den blau-weißen Farben mehrfach um den Hals geschlungen, war ich zu einem Teil des Fanblocks geworden. Wir alle zusammen würden den Gegner aus dem Stadion singen. Die Fransen des Schals wischten über meine Schuhe, denn ich wippte hin und her, klatschte in die Hände und sang: »Oh Leberweiß, oh Leberweiß, olé!«

Mein Bruder stellte noch Jahre später auf dem Weg ins Stadion immer die Frage, ob wir »inne Fans« gehen würden. Er sagte das überbetont und lustvoll, denn »inne

Fans« war eine Entscheidung fürs Rumschreien, Mitsingen, aber auch dafür, sich beim Tor etliche Treppenstufen nach unten schubsen oder mit Bier überkippen zu lassen. Eigentlich entschieden wir uns fast immer dafür, »inne Fans« zu gehen, außer bei Auswärtsspielen, wo es gefährlich werden konnte.

Man ging aber nicht einfach so »inne Fans«. Auch wenn die Soziologie eines Fanblocks nicht so kompliziert war, wie manche Forscher damals erklären wollten (angesichts ihrer Beschreibungen schienen Mafiafamilien oder Ameisenhaufen vergleichsweise simpel strukturiert), konnte man sich da nicht einfach so hinstellen. Es kam mir jedenfalls so vor, als würde es dauern, bis man wirklich dazugehörte.

»Oh Leberweiß«, sang ich jetzt aber mit, obwohl der Etablierungsprozess noch nicht abgeschlossen war. Ich tat das, obwohl ich mir schon die Frage stellte: Was sollte das sein, dieses Leberweiß? Schließlich gab es keinen Leberweiß, der für den VfL Bochum spielte. In den Vereinsfarben gab es so wenig Leberweiß wie ein Maskottchen, das so hieß. Die anderen Sprechchöre leuchteten mir ein, auch wenn Originalität Ende der siebziger Jahre noch nicht angesagt war. »Musst du mal scheißen und hast kein Papier, dann nimmst du den Wimpel von Schalke 04« wurde für lustig gehalten. Wirklichen Witz hatte die Adaption des Liedes vom Bruder Jakob, die ich nur im Ruhrstadion hörte: »VfL Bochum, VfL Bochum, schläfst du noch? Hörst du nicht die Glocken? Bim Bam Bum!« Das würde noch heute gut passen.

Ich sang »Oh Leberweiß« auch in den folgenden Wochen, aber langsam wurde mir das in seiner Sinnlosigkeit unheimlich. Verdammtes Leberweiß, was hatte es damit auf sich? Wen konnte ich fragen? Sollte ich einfach irgendwen anquatschen: »Hömma, wer is' eigentlich Leberweiß?« Wo ich vielleicht besser »Wat is' 'n Leberweiß?« hätte fragen müssen. 16-Jährige mögen heutzutage cooler sein, aber für mich war das damals ein echtes Problem.

Irgendwann hielt ich es nicht mehr aus und fragte mit äußerster Beiläufigkeit einen mir unbekannten Nebenmann, der nicht so wirkte, als würde er mich hinterher öffentlich verspotten: »Hömma, was singst du da?« Er schaute mich freundlich an und sagte: »Olé Blau-weiß, olé Blau-weiß!« Ich nickte ihm ein Na-klar-Nicken zu, wäre am liebsten aber sofort durch einen Erdspalt für immer unter Tage verschwunden. Gut nur, dass damals niemand von meiner Version erfahren hat.

PS: Das späte Bekenntnis ermöglicht hat erst Axel Hacke, der als bekennender Verhörer in einem schönen, lustigen Buch beschrieben hat, dass Adornos Rede »vom wahren Leben im Falschen« bei ihm zu einem »raren Beben in Flaschen« wird, in leberweißen wahrscheinlich.

Zugfahrt ins Glück

Vor mehr als drei Jahrzehnten habe ich den heiligen Schwur abgelegt, ein Stadion nicht mehr vor dem Schlusspfiff zu verlassen. Damals hatte Theo Homann für Westfalia Herne in der Nachspielzeit noch den Siegtreffer gegen Wattenscheid 09 geschossen. Doch wir hatten das Tor nur gehört, weil mein Onkel vor allen anderen am Auto sein wollte. Da Bilder von Regionalligaspielen damals im Fernsehen nur selten gezeigt wurden, wird dieses Tor für mich immer ungesehen bleiben. Das ist mir danach nicht mehr passiert, weshalb ich auch eine 1:7-Niederlage des VfL Bochum am Bökelberg in Mönchengladbach bis zur letzten Minute tapfer ertrug. Was auf den Tisch kommt, wird auch aufgegessen.

Vorher das Stadion verlasse ich nur dann, wenn mir das Ergebnis herzlich wurscht ist. Gerd aber war es gewiss nicht egal, wie das Spiel in der Champions League zwischen Werder Bremen und Panathinaikos Athen ausgehen würde. Schließlich hing davon ab, ob Werder nach der Winterpause im aufregendsten Fußball-Wettbewerb der Welt würde weiterspielen dürfen. 3:0 führten seine Jungs bereits zur Pause, da sollte eigentlich nicht mehr viel anbrennen, zumal die Griechen am Ausgang des Spiels desinteressiert schienen.

Also beratschlagten Gerd und sein Bruder Günther, was zu tun sei. Die letzte Zugverbindung zwischen der Hansestadt Bremen und Leer in Ostfriesland besteht nämlich abends um 21:51 Uhr. Gut siebzig Minuten ist man im Intercity bis Oldenburg und anschließend mit dem Regionalexpress bis Leer unterwegs. Da Spiele in der Champions League immer um 20:45 Uhr angepfiffen werden, geht der letzte Zug für Gerd also 20 Minuten nach dem Halbzeitpfiff. Anschließend gibt es erst um vier Uhr morgens wieder eine Verbindung, und aufs Bahnfahren ist Gerd angewiesen, weil er seit seinem schweren Autounfall nicht mehr selber fahren möchte. Manchmal legt Bruder Günther daher auf seinem Rückweg nach Köln eine Zwischenstation in Leer ein, oder Gerd bleibt bis zum Abpfiff und fährt mit dem letzten Zug nur bis Oldenburg, wo er sich für 75 Euro ein Taxi nach Hause gönnt.

Doch warum sollte er jetzt noch bleiben, wo der Sieg doch so gut wie feststand? Obwohl: Auch beim vorangegangenen Heimspiel hatte es zur Pause 3:0 für Bremen gestanden. Günther hatte ihn damals heimgeschickt und Gerd deshalb eine der dramatischsten Halbzeiten der Vereinsgeschichte verpasst, in der Udinese innerhalb von sieben Minuten ausglich, Werder aber schließlich doch 4:3 gewann.

Jetzt aber schien wirklich nur noch von Belang, ob Barcelona mit einem Sieg bei Udinese helfen würde. Also verließ Gerd das hell erleuchtete Stadion und eilte zum Bahnhof, nahm Platz im Zug und hörte das Spiel im Radio weiter. Werder schoss noch ein viertes und fünftes Tor, auch die Griechen trafen, doch Gerd konnte mithören, wie es im Weserstadion leise wurde. Ohne einen Sieg von Barcelona in Norditalien könnte Werder noch zehn Tore schießen, ohne weiterzukommen – und in der Ferne blieb es torlos.

Nur wenige Minuten waren noch zu spielen, als Gerd in Oldenburg die Treppe zum Bahnsteig erklomm und sein Regionalexpress einfuhr. Auf den letzten Stufen brach er in Jubel aus, der Lokführer sah ihn in seinem grün-weißen Schal und winkte Gerd aufgeregt zu sich. Er solle einfach reinkommen, für einen ordentlichen Zustieg sei es sowieso zu spät. Wahrscheinlich war das geschummelt, denn der Lokführer war ebenfalls Werder-Fan, und so hörten die beiden zwischen Oldenburg und Bad Zwischenahn, wie die Spanier bei Udinese noch ein zweites Tor schossen und Bremen es wirklich geschafft hatte. Auch die verbleibende halbe Stunde durfte Gerd auf der Lok bleiben und rollte glücklich in Leer ein.

Er hatte eine vorweihnachtliche Bescherung erlebt, mit der wohl exemplarisch all jene belohnt werden sollten, die Opfer zu später Anstoßzeiten und ausgedünnter Fahrpläne sind. Selbst wenn ihnen diese Geschichte wahrscheinlich nur ein kleiner Trost ist. Für alle anderen aber gilt: Nie vor dem Abpfiff gehen!

Unterhose lebenslang

Der bekannte 1.-FC-Köln-Ethnologe und Buchautor Manuel Andrack brachte von einer Expedition nach Jena einen interessanten Gesang mit, den er dort anderen mitgereisten Fans abgelauscht hatte. Ja, er hörte ihn nicht nur, sondern sah auch noch dessen Aufführung. Denn die Sänger hielten eine weiße Unterhose hoch, auf die hinten ein Stück brauner Stoff und vorne ein Stück gelber genäht worden waren. Dazu sangen sie so begeistert wie unablässig: »Ein Leben lang, dieselbe Unterhose an.«

Eine Erklärung für diesen Unsinn fand er nicht, und diese rätselhafte Feier des Analen soll hier auch weder freudianisch noch anderswie psychologisch ausgedeutet werden, sondern vielmehr als Vorwand gelten, auf den Mangel an seltsamen bis komischen Sprechchören in Fußballstadien hinzuweisen. Denn wohin auch immer man seine Schritte lenkt, hört man die gleichen Gesänge und Schlachtrufe, nur die Vereinsnamen sind andere. Das ist langweilig, aber kein Grund für Kulturpessimismus, schließlich gibt es dennoch eine Top Ten skurriler, eigenartiger und kreativer Fan-Gesänge:

10. Ein Musterbeispiel für die ironische Wendung von Stigmatisierung ist beim so genannten »Pillenclub« aus Leverkusen zu hören: »*Wir schlafen nicht auf Betten, wir schlafen nicht im Stroh, wir schlafen auf Tabletten, das ist bei Bayer so.*«
9. Ebenfalls sehr elegant ist der Umgang mit dem glei-

chen Problem beim FC St. Pauli, dessen Fans oft als linke Zecken geschmäht werden: »*Auf geht's, Zecken, schnorrt ein Tor.*«

8. Überhaupt nicht selbstironisch und zudem schwach gereimt, aber unfreiwillig komisch ist dieser Schlachtruf bei Schweinfurt 05: »*Schweinfurt am Main, dreckig und gemein.*«

7. Schon lange wissen wir, dass die Idee der Region im Fußball sehr beliebt ist, wenn Abstiege angeblich schlecht oder Meisterschaften ganz toll für eine Region sind, aber dass in Erfurt ein Drei-Städte-Eck der Gewalt gefeiert wird, ist schon ziemlich verblüffend: »*Erfurt, Leipzig, Halle – Fußballkrawalle.*«

6. Das Genre der Fahrstuhllyrik hat dort ein besonderes Qualitätsniveau erreicht, wo man zuletzt mit großer Begeisterung die Ligen wechselte. In Bochum hieß es: »*Wir steigen auf, wir steigen ab und zwischendurch Uefa-Cup.*« In Köln wurde zur Melodie der Polonaise Blankenese gesungen: »*Erst steigen wir ab, dann steigen wir wieder auf, dann steigen wir wieder ab, dann steigen wir wieder auf. Das finden wir lustig, weil wir bescheuert sind.*«

5. Kreativ sein kann man auch in der fünften Liga. Das beweisen die Fans von Mosella Niederemmel, die sich als lustige Provinzler auch noch »N-Town Ultras« nennen, mit rätselhaftem und leicht dadaistischem Gesang. Zu betonen ist dabei die jeweils zweite Silbe: »*Hallo, hallo, hallo, hallo, bitte!*«

4. »Love will tear us apart« von Joy Division ist das wahrscheinlich traurigste Stück der Popgeschichte. Daraus eine Huldigung für Manchester Uniteds Ryan Giggs zu machen, darauf muss man erst einmal kommen: »*Giggs will tear you apart.*«

3. Wenn an der Hafenstraße im Essener Norden ein paar tausend Fans der Rot-Weißen das Idiom ihrer Heimat feiern, ist das beeindruckend und zugleich richtig komisch: »*Ja wat denn, ja wat denn.*«
2. Eine schöne Adaption des Klassikers von John Denver und eine elegante Umsetzung des bei allen Fußballfans beliebten Motivs der Heimat kommt vom Main: »*Country Roads take me home, to a place I belong! Offenbach-Bieber, meine Heimat. Bieberer Berg, OFC!*«
1. Im Rhythmus des allgegenwärtigen Schlachtrufs »Alles außer XY ist scheiße« trugen Anhänger des SC Rot-Weiß Oberhausen eine Frage vor, die sich Wochenende für Wochenende Tausende Fans stellen: »*Warum sind die Ordner so hässlich?*«

Fußball total

Als Günther ging, sagte er, dass er sich nun etwas dösig fühlen würde. Kein Wunder, er hatte siebeneinhalb Stunden im Sessel gesessen und Fernsehen geguckt. Steffen war später gekommen und früher gegangen, hatte es aber auch noch auf knapp fünf Stunden gebracht. Peter war erst Mitte der zweiten Halbzeit des deutschen Länderspiels erschienen und hatte sich schon vor dem Argentinienspiel verabschiedet, das machte allenfalls zweieinhalb Stunden. Regina war am kürzesten da gewesen, hatte sich und Günther nach dem Kino was zu essen beim Vietnamesen geholt (wir anderen hatten keinen Hunger). Danach war sie zu unserem Bedauern relativ schnell heimgefahren, aber irgendwie war ein Acht-Stunden-Fußball-Tag vor dem Fernseher eben doch ein Jungsding.

Obwohl: Beweisen wollten wir nichts. Wir saßen halt da, schauten Fußball, nur halt so lange wie noch nie. Ich hielt die Fernbedienungen und durfte den Gang durch die verschiedenen televisionären Ebenen lenken. Es galt schließlich, nicht nur das Angebot des freien Fernsehens mit dem des Bezahlfernsehens zu koordinieren, dieses offerierte auch noch diverse Unterebenen. So musste man sich etwa entscheiden, ob man Iran gegen Deutschland im Zweiten oder Schweden gegen Ungarn, Tschechien gegen Rumänien oder die WM-Konferenzschaltung auf *Premiere* anschauen wollte. In diese Konferenz wiederum wurde mitunter Ottmar Hitzfeld völlig unvorbereitet im Studiogespräch eingeblendet. Er gab seine Expertisen ab, während man im Hintergrund sah, wie sich die Rumänen in Prag abmühten.

Streitereien darum, was wir und wie lange wir welches Spiel anschauen wollten, gab es nicht. Vielleicht hielt sich Steffen aber auch nur zurück, obwohl er gerne mehr vom Spiel der Argentinier gegen Uruguay gesehen hätte. Er war nämlich schon einige Male am La Plata gewesen und wusste uns gleich Spieler zu identifizieren, deren Namen wir noch nie gehört hatten. Aber irgendwie sahen wir vom Spiel in Buenos Aires nicht viel, während wir das der Deutschen bis zu den vielen Auswechselungen fast komplett anschauten. Später ließen wir uns ins Drama der Schlussphase von Zagreb fallen, als Bulgarien (seltsamerweise vom *DSF* übertragen) kurz vor Abpfiff bei den Kroaten noch ausglich. Anschließend – oder war es zwischendurch? – stöhnten wir erstaunlich synchron auf, als die Iren in Paris beste Chancen vergaben. Ansonsten hatten wir auch unterschiedliche Vorlieben, Günther etwa drückte den Norwegern die Daumen, ich hielt wie eigentlich immer zu den Schotten. Günther gewann 1:0.

So trieben wir durch die Stunden, vom Nachmittag über den Frühabend bis in die Nacht. Die Spiele zogen an uns vorbei, mal hier angepfiffen und dort abgepfiffen wurde in Stockholm, Istanbul, Manchester, Santander oder Kiew, und ich fügte mich diesem Rhythmus gern, weil meine verschnupfte Nase sowieso zu einem eher vegetierenden Leben auf dem Sofa einlud.

Bevor die anderen gekommen waren, hatten Günther und ich gefunden, dass Konferenzschaltungen dann helfen, wenn Spiele so langweilig sind wie das von England gegen Wales oder Schottland gegen Norwegen. Später diskutierten wir die Frage nicht mehr. Wir redeten sowieso immer weniger. Zogen wir überhaupt noch neue

Erkenntnisse aus dem, was wir sahen? Machte uns das noch Spaß? Wir sprachen nicht darüber, als wir von Spielschnipsel zu Spielschnipsel wechselten und uns von den Rufen der Reporter (»Tor in Istanbul«) anlocken ließen.

Als Steffen ging, verabredete er mit Günther für den nächsten Tag den Besuch eines Oberligaspiels. Ich mochte nicht mitkommen, konnte sie aber verstehen. Die Stunden vor dem Fernseher hatten nicht Hunger auf mehr gemacht. Sie hatten die Sehnsucht nach richtigem Fußball ohne Umschaltoption geweckt – und sei er auch nur viertklassig.

Günther sagte, dass wir das nicht noch einmal zu machen brauchten. Dann war er auch schon weg, und ich schaltete um und schaute mir im Sportstudio des Zweiten noch an, wie Italien in Slowenien hatte verlieren und Polen in Österreich gewinnen können.

Stockholm-Syndrom und mildtätiger Schal

Große Siege auf dem Rasen werden stets von einer Fülle kleiner Geschichten auf den Rängen umschwirrt. Denn irgendwie muss sich der Fan doch erklären, wie unmögliche Erfolge möglich werden konnten und auf welche Weise die Anhänger daran beteiligt waren. Als der VfL Bochum im Februar 2004 seinen ersten Heimsieg über den FC Bayern München seit fast zwei Jahrzehnten feierte, konnte das nicht allein aufgrund einer laut des damaligen Trainers Peter Neururer vom Zeugwart erarbeiteten Taktik gelungen, dem stahlgeschienten Mittelfinger des Torhüters zu danken oder schlicht durch eine gute Leistung zu erklären sein.

Hatte der historische Sieg also mit Claudias neuem blau-weißen Schal und dem Bettler unter der Brücke zu tun? Obwohl Claudia vor dem Spiel verdammt aufgeregt ins Stadion kam, weil Bettler Mike ihr seine Unterstützung aufgekündigt hatte. Mike geht seiner Tätigkeit unter einer Bochumer Brücke nach, die auf dem Weg von Claudias Wohnung zum Stadion liegt. Einige Monate vor dem Sieg über die Bayern hatte Claudia ihm einen Euro in seinen Hut geworfen, und er wünschte ihr daraufhin »viel Glück und drei Punkte«. So kam es, und bei den folgenden Heimspielen wurde ein Ritual daraus: Claudia spendete, Mike gab ihr die besten Wünsche mit auf den Weg, der VfL Bochum siegte.

Das Motiv, durch milde Gaben an die Armen das persönliche Schicksal freundlich zu beeinflussen, kennt fast jede Weltreligion. Warum sollte es beim Fußball anders sein? Und gegen die Bayern sollte es selbstverständlich so weitergehen, doch zunächst fand Claudia den Talisman nicht an seinem Platz. Sie war aber noch mehr beunruhigt, als er doch noch auftauchte und der Euro in seinem Hut landete, Mike die guten Wünsche aber trotzdem versagte. »Heute geht das nicht, ich bin seit 27 Jahren Bayern-Fan«, sagte er. Dies war eine Katastrophe, zumal Claudia auch noch den von ihrer Tante aus Oberbayern gestrickten Fanschal trug. Er war ein Geschenk zum Geburtstag, der jedoch erst am Tag nach der Partie anstand. Die Tante hatte den Schal per Post geschickt, das Päckchen nicht mit einer Warnung versehen, Claudia es ausgepackt und den Schal unvorsichtigerweise vor der Zeit umgelegt.

Spielten Claudia, der Schal und das Ritual mit Mike also keine Rolle beim Sieg von David gegen Goliath? Half beim Sieg das Erkalten der Fanfreundschaft zwischen den Anhängern des VfL Bochum und denen des FC Bayern? Mochte diese auch tief in den siebziger Jahren wurzeln und dereinst ehrlichen Herzens betrieben worden sein, hatte sie irgendwann die Züge des Stockholm-Syndroms angenommen. Diese Identifikation von Opfern mit ihren Tätern wurde zum ersten Mal 1973 bei einem Banküberfall in der schwedischen Hauptstadt beschrieben, als die Geiseln mit den Geiselnehmern paktierten.

Ähnlich war die Stimmung im Ruhrstadion, wenn Bochumer und Münchner bei den Spielen ihrer Teams zwar gemeinsam jubelten, aber halt immer nur der FC Bayern gewann. Gerne auch durch zweifelhafte Elfmeter. Einmal führte der VfL zur Pause mit 4:0 und unterlag 5:6. Und das sollte man auch noch feiern?

Inzwischen jedoch findet man den FC Bayern auch

im vom Syndrom befreiten Bochum so blöd wie überall sonst, was Claudia übrigens schon lange propagiert hatte. Dem Bettler Mike hatte sie übrigens in Aussicht gestellt, im Falle eines Sieges über die Bayern vor dem nächsten Heimspiel drei Euro zu spenden. Zufällig traf sie ihn abends auf dem Heimweg wieder. »Kein Scheiß, ich habe gerade an dich gedacht«, sagte er. Und als sie ihm noch einmal die erhöhte Gabe ankündigte, wehrte er ab. Das wäre schon in Ordnung. Mike hat seine Bettlerehre und wollte sich seinen Schmerz über die Niederlage seiner Bayern nicht abkaufen lassen.

Wobei auch diese Geschichten vom Gabenwesen und dem Ende des Stockholm-Syndroms nur ein Teil der Wahrheit des Sieges über die Bayern sind. Denn in Wirklichkeit wurde der Erfolg durch den richtigen Umgang mit einem Kaffeebecher in einer Wohnung fern von Bochum gesteuert. Wie, das kann ich aber wirklich nicht verraten.

Versammlung der Allerblödesten

Als ich es nach vielen Jahren einmal wieder mit Deutschland versucht hatte, ging die Sache voll in die Hose. Aus mir heute nur noch vage nachvollziehbaren Gründen war ich während der Weltmeisterschaft 1998 in Frankreich plötzlich von der Idee beseelt gewesen, dass es für mich an der Zeit wäre, für die deutsche Nationalmannschaft zu sein. Also fand ich mich zum Viertelfinale von Bertis Jungs ein und erlebte in Lyon mit, wie sie beim 0:3 gegen Kroatien achtkantig aus dem Turnier flogen. Es blieb dabei: Deutschland und ich hatten ein Problem.

Dabei hatte alles so angefangen, wie es sich gehört. Während der Europameisterschaft 1972 hatte ich mich als Elfjähriger in Günter Netzer verliebt und sein Bild über meinen Schreibtisch gehängt. Bei der Weltmeisterschaft 1974 verbrachte ich die deutschen Spiele weitgehend auf den Knien kauernd, weil ich das Gefühl hatte, nur in dieser Schutzstellung der Spannung standhalten und die Geschicke der deutschen Nationalmannschaft zum Guten beeinflussen zu können. Außerdem rauchte ich noch nicht und nestelte daher vor Nervosität an den Fransen des Teppichs vor dem Fernseher.

Zur ordentlichen Biographie eines jungen Bundesrepublikaners der siebziger Jahre des letzten Jahrhunderts gehörte es jedoch wie Zivildienst und selbstgedrehte Zigaretten, mit Deutschland und seinen kickenden Protagonisten zu brechen. Dazu brauchte man sich nicht einmal zu fragen, ob man nach Auschwitz noch »Deutschland vor, noch ein Tor« rufen durfte, schließlich wurde im dunklen Zeitalter unter Jupp Derwall dermaßen schauderhaft Fußball gespielt, dass man sich ziemlich leicht von Deutschland lossagen konnte. Ich wand mich im Gegenzug keinem vermeintlich besseren Gastland zu, wie das damals nicht unüblich war. Bei den einen hieß es Brasilien, Kamerun oder Italien und bei den anderen England, Irland oder Schottland (deutsche Rumänien- oder Norwegenfans habe ich nie getroffen). Ich hatte meinen Club, ein Land brauchte ich keins.

Im Laufe der Jahre entspannte sich meine Deutschlandphobie. Der Jubel über den WM-Sieg 1990 war für mich weniger ein nationalistischer Ausbruch, sondern Ausdruck einer neuen Feierkultur. Auch gegen den EM-Sieg sechs Jahre später in England hatte ich nichts weiter einzuwenden. Albern wurde es erst, als ich mir, wie erwähnt, 1998 ein trotziges Deutschland-Fantum verordnete. Das war auch deshalb Quatsch, weil selbst bis in die Ära Rudi Völler hinein genug alter Mief in den Nationaltrikots steckte. Hier gehörst du nicht hin, war stets die Botschaft.

Dieses Gefühl begann sich eigentlich erst zu verlaufen, als Jürgen Klinsmann ordentlich durchlüftete. Vor allem machte es Spaß, der deutschen Mannschaft zuzuschauen, und so konnte ich weitgehend Frieden mit ihr schließen.

Doch wie immer man seine Identitätskonstruktion zusammenbastelt, bis zum Beginn des deutschen WM-Sommers war vom Besuch deutscher Länderspiele im Stadion streng abzuraten. Verstört wurde der Mensch dort zunächst von den Darbietungen der Terrortruppen des Europapark Rust, die mit ihren grauenhaften, auf Stadionformat gebrachten Musicalhöllen bereits vor dem Anpfiff jede menschliche Regung aus den Hirnen der Besucher getrommelt haben. Doch erklärt das nicht allein, dass deutsche Länderspiele Versammlungen der Allerblödesten waren. Das internationale Fußballangebot auf dem Rasen wurde auf den Rängen mit provinzieller Lethargie und der Forderung gekontert, doch bitte schön unterhalten zu werden. Wurde der Deutschlandfan nicht ruck, zuck vom Spiel bespaßt, nickte er daher entweder ein oder wurde gleich so maulig, als ob er in der Kneipe aufs bestellte Bier warten muss.

Dass es eine Weltmeisterschaft lang anders war und ein paar Spiele danach ebenfalls, lässt mich noch nicht glauben, dass alles anders ist. Doch seit Lyon 1998 kommt das Nationalteam besser ohne meine Begeisterung aus.

Mein Freund der Baum

Keine ganz neue Erkenntnis ist, dass man dann doch immer gerne das hätte, was man gerade nicht hat. Erstaunlich, dass einem diese Erkenntnis auch in Paderborn kommen kann, und zwar im Stadion des Zweitligisten SC Paderborn 07, das nach dem Schriftsteller Hermann Löns benannt ist, der besonders gern die Schönheiten der Heide bedichtete, was aber nichts daran ändert, dass das Stadion mit seinem Namen das einzige im deutschen Profifußball ist, über das Hochspannungsleitungen führen.

Doch anstatt darüber nachzusinnen, ob der Newcomer aus dem Westfälischen deshalb unter Elektrosmog leidet und warum ich nie von diesen Leitungen gehört hatte, fiel mir dort vor allem die Baumreihe hinter der Gegengerade auf. Ich bin nämlich als Fußballzuschauer mit Bäumen aufgewachsen, weil die Ränge im schönen Stadion am Schloss Strünkede, der Heimat des SC Westfalia Herne 04, von Bäumen umfasst sind. Dort kann man sich an traurigeren Tagen stets von deren Grün trösten lassen (die blätterlosen Monate können daher besonders trostlos sein). Auch im Stadion an der Castroper Straße, dem Vorgänger des Bochumer Ruhrstadions, war das so.

Überhaupt ist es kein Zufall, dass es in Deutschland so manches Waldstadion gibt, ganz zu schweigen vom Stadion am Hölzchen in Stendal. Doch eigentlich wollte ich früher baumlose Stadien haben, was kein naturfeindlicher Impuls war, sondern dem Wunsch entsprach, dass die Stadien enge und abgeschlossene Stimmungskessel sein sollten. Am besten so wie in England, wo man fast nirgends im Stadion auf Bäume schauen konnte. Abgesehen von ländlichen Orten wie Rochdale und Shrewsbury waren die Stadien dort zumeist zwischen Arbeiterquartiere ohne Grün geklemmt. Englische Stadien waren gegen das Außen abgeschottet wie Burgen, zu gucken geben sollte es da nichts als das Spiel.

Davon konnten wir in Deutschland nur träumen, wo Stadien offene Schüsseln waren und wir auf den Rängen vom Spielfeld durch Laufbahnen mit roter Asche getrennt. Man hätte früher auch eher eine Liste gemacht, in welchem Stadion man keinen Baum sehen konnte, doch heute ist es genau umgedreht. Inzwischen ist alles Arena, und von seinem Platz auf den Tribünen sieht man mancherorts nicht einmal mehr den Himmel. Deshalb ist die Aufstellung der Bundesligastadien kurz, in denen mehr als ein paar Zweige ins Stadion schauen, denn die höchste Spielklasse ist fast baumfrei, sieht man vom Stadion der Freundschaft in Cottbus ab und mit Einschränkungen vom Tivoli in Aachen.

Ist es also ein Armutsphänomen, wenn man von seinem Platz auf den Tribünen ins Grün schauen kann, weil man dafür schon eine Liga absteigen muss? Besonders schön ist der Blick in Freiburg, wo man auf die bewaldeten Hänge des Schwarzwaldes schaut, oder in Aue, wo baumbestandene Ausläufer des Erzgebirges zu sehen sind, das dem Stadion den Namen gegeben hat. Auch in Karlsruhe, Offenbach und Burghausen, in Koblenz und Essen können sich die Zuschauer den einen oder anderen Baum anschauen, wenn ihnen das Spiel zur Kontemplation nicht mehr reicht. Baumtechnisch betrachtet aber ist das Stadion in Paderborn das wohl beste der ersten beiden Profiligen, denn entlang der Gegentribüne haben die Bäume eine Prominenz wie nirgends sonst.

Unter den Hochspannungsleitungen bringt dort übrigens eine nette Dame vom Würstchenstand den Rollstuhlfahrern, die zwischen den Trainerbänken den Spielen zuschauen, etwas zu essen und Getränke an den Platz, und wenn ich das richtig gesehen habe, müssen nur die Begleitpersonen für diesen netten Service bezahlen. Steht diese ungewöhnliche Menschenfreundlichkeit im Zusammenhang mit dem Grün hinter der Gegengerade? Früher hätte ich trotzig behauptet, dass der Elektrosmog die Erklärung dafür ist. Doch seit ich der Arenen müde bin und Stadien für mich keine Kessel siedender Emotionen mehr sein müssen, wächst die Sehnsucht nach dem Grün jenseits des Grüns. Auf die verdammten Laufbahnen kann ich aber immer noch gut verzichten.

Schöner aufsteigen

Es mag der Gedanke naheliegen, dass an dieser Stelle hemmungslos persönlichen Obsessionen gefolgt wird, wenn hier die besten Bundesligawiederaufstiege des VfL Bochum miteinander verglichen und gewichtet werden. Doch ist im Kleinen, im Speziellen nicht immer auch das große Ganze verborgen? Erfahren wir nicht etwas über die Tiefenstrukturen von Begeisterung, wenn wir uns der Frage widmen, warum der Aufstieg des VfL Bochum im Sommer 2002 eindeutig der beste von insgesamt fünf direkten Bundesligawiederaufstiegen in den letzten 12 Jahren war? Obwohl er sportlich doch der schlechteste war, denn nur damals gelang der Sprung in die Bundesliga vom dritten Platz aus, die anderen aber von ersten und zweiten Plätzen?

Offensichtlich wollen wir Dramen, und die gab es in jenem Jahr reichlich. Nur einmal hatte der VfL Bochum vor dem letzten Spieltag auf einem Aufstiegsplatz gestanden – nach der vierten Runde. Bernard Dietz war bei seinem zweiten Mal als Cheftrainer des VfL Bochum nicht mehr erfolgreich und machte kurz vor der Winterpause Platz für Peter Neururer. Unter dessen Führung drehte das Team auch nicht gleich auf, kassierte am 22. Spieltag noch eine 1:6-Niederlage in Oberhausen und lag frustrierende acht Punkte hinter einem Aufstiegsplatz, um von den kommenden zehn Partien sieben zu gewinnen und nur noch eine zu verlieren. Am vorletzten Spieltag gelang trotz Unterzahl in vorletzter Minute ein 2:1-Sieg über Union Berlin, danach betrug der Rückstand auf Mainz 05 dennoch drei Punkte. In Aachen erzielte Bochum erneut in Unterzahl zwei Tore, hielt die Führung und eroberte acht Minuten vor dem Saisonende einen Aufstiegsplatz, als Union Berlin gegen Mainz in Führung ging. Fazit: Wir wollen Irrsinn, aber hinterher nicht verrückt sein.

An zweiter Stelle steht der Aufstieg des Jahres 1996, weil er das Versprechen einer neuen Zeit mit sich brachte. Klaus Toppmöller hatte zuvor den ersten direkten Wiederabstieg aus der ersten Liga nicht verhindern können, aber lehrte den Club, was der hernach nie mehr vergessen hat: Fußball kann auch gespielt und muss nicht nur malocht werden. So stieg die Mannschaft auf und qualifizierte sich umgehend für den Uefa-Cup. Unglaublich! Fazit: Wir wollen Kulturrevolutionen, wenn sie denn erfolgreich sind.

Das Bochumerische spielte beim drittschönsten Wiederaufstieg eine besondere Rolle, weil ihn nicht zuletzt Jungs aus der eigenen Jugend und ein echter Bochumer als Coach schafften. Doch bevor Ralf »Katze« Zumdick übernahm, mussten erst ein unfassbares 1:6 daheim gegen Tennis Borussia Berlin, der Rauswurf von Ernst Middendorp und Bernard Dietz' Interimseinsatz (inklusive eines 5:4 im Pokal gegen Wolfsburg unter seiner Führung) verarbeitet werden. Das Rückspiel bei TeBe gewann Bochum übrigens 4:0, was die ganze Rätselhaftigkeit des Fußballs belegt. Fazit: Lokal ist schön.

Der erste und viertschönste Wiederaufstieg geschah 1994 noch ganz im Geiste der Naivität, dass dieses eine Jahr Zweitklassigkeit nur den historischen Irrtum des Abstiegs reparieren würde. Es war die punkt- und torreichste Rückkehr in die Bundesliga, erwies sich aber letztlich als

Ouvertüre zum ersten direkten Wiederabstieg. Fazit: Wir wollen Unschuld, aber wollen sie nicht verlieren.

Irgendwie ist es ziemlich ungerecht, den fünften Wiederaufstieg aus dem Jahr 2006 ans Ende dieser Auflistung zu platzieren, denn er war wunderbar nervenschonend. Nur dreimal stand die Mannschaft von Marcel Koller nicht auf einem Aufstiegsplatz und war 21-mal Tabellenführer; jeder Wackler wurde sofort korrigiert, und die Mannschaft lernte während der Saison beständig hinzu. Es fehlte also der Nervenkitzel, und Kulturrevolutionen sind in Bochum auch keine Option mehr. Die Zeiten der *local players* sind vorbei, und Naivität lässt sich ebenfalls nicht wiederherstellen. Getrude Stein würde bilanzieren: »Der fünfte direkte Wiederaufstieg in die Bundesliga ist der fünfte direkte Wiederaufstieg in die Bundesliga.« Aber vielleicht erweist sich seine wirkliche Größe darin, wenn es keine baldige Notwendigkeit eines sechsten geben sollte.

The Church of SVW

Mein Abend in der Parallelgesellschaft war auch deshalb schön, weil mir das andere Glaubensbekenntnis nicht aufgedrängt wurde. Ich durfte an der Kommunion teilhaben und brauchte trotz der großen Mobilisierung der Gemeindemitglieder erst kurz vor Beginn zu kommen. Mein Freund Günther, erwartungsfroh in seine heiligen Farben gehüllt, hatte mir fast eine Stunde lang den Platz freigehalten. Er war erst wenige Tage zuvor auf das Kirchlein im Herzen des Studentenviertels von Köln gestoßen. Beseelt rief er mich nach seinem ersten Besuch an, und als ich dort ankam, konnte ich verstehen, dass es für ihn wie eine Erscheinung sein musste.

Grün-Weiß waren die Farben der Fahnen an den Wänden, in den Fenstern und unter der Decke. Grün-weiß waren die Schals und Mützen jener, die dem Gemeinderaum zustrebten. Sie trugen Trikots, auf deren Rücken »Micoud« oder »Klasnic« zu lesen war. Sie trugen ein »W« über dem Herzen und wohl auch darin, denn es steht für Werder Bremen. Über den Club, der dreihundert Kilometer von dieser Kneipe entfernt zu Hause ist, ging kaum jemandem etwas, der hier vor der Großbildleinwand darauf hoffte, dass in der Champions League noch der eine Punkt zum Erreichen der nächsten Runde geholt würde.

Man konnte die Aufregung im überfüllten Raum spüren, denn auch für die in der näheren Vergangenheit vom Erfolg so verwöhnten Werder-Fans war dieses Spiel besonders. Außerdem ist das gemeinsame Glaubensbekenntnis in der Diaspora besonders intensiv, und hier war es auch noch gut vorbereitet, denn seit mehr als einem Jahr machten die Exil-Bremer andere mit großem Erfolg auf sich aufmerksam.

(Übrigens werden die technischen Veränderungen bei der Entwicklung des Fußballs deutlich unterschätzt. So wäre der Europapokal in den fünfziger Jahren ohne die Ausweitung des internationalen Flugverkehrs so wenig möglich gewesen wie ein Erfolg im Fernsehen geworden, hätte es nicht immer stärkeres Flutlicht gegeben. Auch die zeitgenössische Pflege des Fanlebens in Fußballkneipen wird erst durch Videobeamer richtig schön und durch ein Programm möglich, bei dem man jedes einzelne Bundesligaspiel und jede Partie in der Champions League schauen kann. So ist die Church of Werder in Köln daher nicht einmal exotisch. In Berlin gibt es einige solcher Fußballexilanten-Kneipen und wahrscheinlich längst Treffpunkte von Rostock-Fans in der Pfalz oder eine ZSKA-Moskau-Kneipe in Frankfurt.)

In der grün-weißen Parallelgesellschaft war auch einer der besten Zwischenrufe der letzten Zeit zu hören. Der spanische Regisseur der Fernsehübertragung pflegte nämlich kurze Serien von Gesichtern der Spieler oder Trainer in Zeitlupe zwischenzuschneiden: ungläubige Blicke, weit aufgerissene Münder, Blicke ins Leere. »Scheiß Emotionen«, rief einer von seinem Barhocker laut dazwischen und knallte wütend mit der Hand auf den Tisch.

Wobei die Emotionen ansonsten super waren, weil sich das Publikum vor einer Leinwand genauso symbiotisch mit dem Spiel verbinden kann wie im Stadion. Jedenfalls dann, wenn genug gemeinsame Konzentration aufs Spiel ist und nicht nur flüchtiges Zuschauen. An diesem Abend verstand ich auch, warum Marcel Reif seinen Zuhörern mitunter auf die Nerven geht. Da er mit dem Spiel nicht minder verbunden ist und auf seinem Reporterplatz sofort spürt, wie sich die Kräfteverhältnisse auf dem Platz verschieben, sagt er das auch. So saßen die Bremer Fans in ihrer Kölner Kneipe und dachten bebend: »Werder macht zu wenig.« Während ihnen das durch den Sinn ging, sagte Reif: »Werder investiert jetzt nicht mehr genug in das Spiel.« Und mein Hintermann maulte über den Überbringer der schlechten Nachricht: »Halt die Fresse!«

Wobei Reif letztlich die gute Nachricht überbrachte, dass Werder siegte, und so sauste beim Abpfiff der Korken aus einer Sektflasche, deren Inhalt durch die Kneipe verspritzt wurde. Man könnte das jetzt noch als Taufe beschreiben, aber es stank einfach nur.

Auf der Bank

Der Brandmeistertrainer

Die Welt von Ottmar Hitzfeld ist eine, in der man lieber nicht leben möchte. In ihr wimmelt es nämlich von möglichen Konflikten, die der Meistertrainer »Brandherde« zu nennen pflegt. Einen wesentlichen Teil seiner Arbeit hat er damit zugebracht, diese Konflikte zu vermeiden. Oder er hat, mit der Wasserspritze unterm Arm, die schon ausgebrochenen Brände zu löschen versucht. Das erzählte Hitzfeld vielen hundert Kollegen auf einem Kongress von Fußballtrainern über »Die erfolgsorientierte Führung einer Profimannschaft – die Kompetenzbereiche eines Trainers«, doch nicht selten klang das wie die Erinnerungen eines Brandmeisters im einsamen Kampf gegen die Feuerteufel des Fußballs.

So hatte etwa Franz Beckenbauer auf dem Weg zum mitternächtlichen Bankett nach dem längst legendären 0:3 seiner Bayern in Lyon noch verständnisvoll gesprochen, verspottete die Profis während seiner Tischrede dann aber als »Uwe-Seeler-Traditionsmannschaft«. Also musste Hitzfeld noch vor der Vorspeise den Löschsand herausholen und vor allem Stefan Effenberg beruhigen (»Der ist ja ein netter Kerl, kann viel einstecken und hatte schon einen ganz roten Kopf«), damit er nicht seinerseits auf Beckenbauer eindrosch. Was wiederum die Presse so befeuert hätte, dass im nächsten Moment der ganze FC Bayern in Flammen gestanden hätte. Hitzfeld aber wendete den Groll der Profis in Energie um und gewann noch im gleichen Jahr die Champions League.

Doch was ist zu tun, wenn sich Schwelbrände doch entzünden? »Ich dachte schon, der Bixente läuft so komisch«, erzählte Hitzfeld über einen ebenfalls berühmten Vorfall im Training. Im nächsten Moment hatte Lizarazu zugeschlagen und – patsch! – Lothar Matthäus eine Ohrfeige verpasst. »Da hatte sich was aufgestaut, Lothar wollte bei fünf gegen zwei nicht in die Mitte und ja …«, rekapitulierte der Coach. Die Presse hatte es gesehen, Matthäus verließ auch noch wortlos den Trainingsplatz; der eine Weltmeister ein Schläger, der andere Weltmeister trat ab, ohne sich abzumelden – München's burning! Also bestellte Hitzfeld den Franzosen sofort in die Kabine, doch da taten sich ungeahnte Probleme auf. »Als ich da ankomme, steht Lothar nackt vor mir«, erzählte Hitzfeld. Das Grauen kann man sich ausmalen, doch Hitzfeld fand die Zauberformel, für die ihm seine Kollegen auch Jahre später noch tosenden Beifall spenden. »Ich sag: ›Lothar, zieh was an!‹« Der Rest war klassische Brandbekämpfung per Aussprache und Geldstrafe, und bald schon holte der FC Bayern seine 128. Deutsche Meisterschaft.

Doch nicht nur in der Welt der Fußballgrößen gibt es Konflikte, überall können Feuersbrünste ausbrechen. Auf seiner ersten Station, beim irrtümlich für gemütlich gehaltenen Schweizer Zweitligisten SC Zug, hatte Hitzfeld es mit einem despotischen Vereinspräsidenten zu tun, »ein Bauunternehmer, der fünftausend Akkordarbeiter unter sich hatte«. Mit den Kickern sprang der grobe Präsident nicht minder rau als mit seinen Männern vom Bau um. Niederlagen konnte er nicht ertragen und hatte es dann zumeist auf Rolf Fringer abgesehen, den späteren Trainer des VfB Stuttgart. »Der steht immer nur vorm Spiegel rum und spielt wie 'ne Tunte«, so hatte sich der Macher und Mäzen des Clubs über Fringer nach einer Partie besonders echauffiert, erzählte Hitzfeld.

Der junge Coach wollte den Wüterich beruhigen, geriet dadurch aber selbst in Gefahr. »Und du redest immer wie ein Prediger«, rief der Präsident und stürzte sich auf Hitzfeld und griff dem an die Kehle. Hitzfeld in höchster Gefahr und in lodernden Flammen. »Da ging die Tür auf, ich sollte zur Pressekonferenz kommen, das hat mich gerettet.« Schreierei und Würgegriffe in der Kabine, für den erfolgreichsten Vereinstrainer aller Zeiten war dieser Moment in einer Schweizer Umkleidekabine ein entscheidender seiner Karriere: »Da habe ich gedacht: Das ist mein Element!« Wie gesagt: In der Welt von Ottmar Hitzfeld möchte man wohl lieber nicht leben.

Nümmerchen zur Entspannung

Die zweitbeste Pressekonferenz von Christoph Daum sah ich am Frankfurter Flughafen kurz vor der Abreise in einen Urlaub, den ich nach seinem Auftritt erst recht nötig hatte. In einem Kölner Hotel hatte der zuvor untergetauchte Fußballtrainer seine Rückkehr in eine Art Comedy-Show verwandelt, zu der sich Stefan Raab und Helmut Zerlett ganz zu Recht eingeladen hatten. Daum erklärte seine Kokainaffäre grinsend zu einer Art Lausbubenstreich, was der Umstand des Drogenkonsums auch sein mochte, nicht aber, dass dadurch eine ganze Menge Leute beinahe ihren Job verloren hätten, obwohl das bei Gerhard Mayer-Vorfelder vielleicht auch nicht so schlimm gewesen wäre.

Noch besser war drei Monate zuvor die Haarproben-Show gewesen, wo der damals noch designierte Bundestrainer ankündigte, seine Haare auf Rauschgift untersuchen zu lassen, um dadurch seine Unschuld in Sachen Drogen zu beweisen. Daum schritt seinerzeit im Presseraum des Leverkusener Stadions mit starrem Gesicht zum Podium, sein Auftritt dauerte vier Minuten und bestand eigentlich nur aus dem Verlesen seiner Erklärung. Dann trat Daum wieder ab. Die Probe war so positiv, dass Daums damalige Lebensgefährtin und heutige Frau sagte, Daum hätte »das Zeug täglich nehmen müssen«. Sie beklagte Manipulationen, und Daum trat eine Art Flucht nach Florida an.

Insofern konnte man seinen Auftritt in einem Kölner Krankenhaus als historisches Zitat sehen, oder er entsprang einfach nur seinem Bedürfnis, das Genre der Pressekonferenz von Trainern ein weiteres Mal zu neuen Grenzen zu führen. Daum ließ einen Arzt über seinen Mandelabszess reden und sprach selber über seine Liebe zum 1. FC Köln. Im Hintergrund schoben Menschen ihren Tropf vorbei oder gingen in Ballonseide zum Rauchen vor die Tür.

Wenn einmal die Geschichte des deutschen Fußballs in den neunziger Jahren des letzten Jahrhunderts geschrieben wird, wird darin das bizarre Genie Daums gepriesen werden müssen, der unterhaltsamste Trainer seiner Zeit gewesen zu sein. Er schickte seine Spieler nämlich nicht nur über Scherben, sondern propagierte auch Stressabbau durch Bildbetrachtung. (Natürlich malte Daum selber, gestaltete aber nicht die knallbunten Hemden, deren Produktion ihn angeblich mächtig in die roten Zahlen steuern ließ.) Er installierte bei Bayer einen PTT (Personal Team Trainer), den man heutzutage wohl Psychologe nennen würde, und verkündete schon vor Jahren das inzwischen angebrochene Zeitalter des individualisierten Trainings. Er verglich sich mit John Wayne, konnte die militärische Strategie von Kemal Atatürk erläutern und erzählen, wie es ist, wenn man einen Adler auf dem Arm trägt.

Daum hat das faszinierende Talent, Vision und Irrwitz so zu vermischen, dass man kaum noch erkennt, was gerade was ist. Wenn er öffentlich kritisiert wurde, fragte er zurück: »Was haben sie mit Galilei gemacht?« Denn Daum lebt in einer Welt, von der er glaubt, dass er sie mit Menschen teilen muss, von denen die Welt für eine Scheibe gehalten wird. Kein Wunder, dass er zu Drogen gegriffen hat.

Drei Tage nach der phänomenal versauten Meisterschaft von Bayer durch eine Niederlage in Unterhaching führte ich auf der Autofahrt zu einer Fernsehsendung ein Interview mit ihm. Er war erstaunlich aufgeräumt, und nach der Sendung gingen wir zusammen mit den Verantwortlichen des Senders ins Restaurant. Dort kam das Gespräch auf Stress bei Fußballtrainern, von denen viele in der Nacht nach Spielen nicht schlafen können, weil sie so aufgewühlt sind. Daum nickte freundlich seine Partnerin an, die mit am Tisch saß, und sagte: »Wir schieben ein Nümmerchen, und dann entspann' ich mich wunderbar.« Die Damen und Herren vom Fernsehen hüstelten verlegen in die Serviette, und ich bekam rote Ohren. Gut, dass er dem 1. FC Köln doch noch zugesagt hat, denn es wurde Zeit, dass Christoph Daum wieder die deutsche Bühne betritt. Auch wenn ihm nichts Tolles einfiel, als er es schließlich tat.

Die Stimme der Aufklärung

Kaum ein Zeitungsartikel damals kam ohne diesen Hinweis aus, denn scheinbar lag ein besonderer Zauber darin, dass der Bundesligaaufsteiger des Jahres 1993 von einem Mann trainiert wurde, der eigentlich Oberstudienrat für Geschichte, Französisch und Sport war. Der sich vom niedersächsischen Schulministerium hatte freistellen lassen, um also wohl bei Gelegenheit wieder hinters Lehrerpult zurückzukehren. Nun war auch Ottmar Hitzfeld mal Lehrer, für Mathematik sogar. Doch als ehemaliger Bundesligaprofi war er ein Fußballer, der nebenbei Lehrer war. Bei Finke lag der Fall andersherum. Und wie in Gottes Namen kam dieser Lehrer, der nur Amateurfußballspieler gewesen war, der Volleyballteams und Tischtennismannschaften trainiert hatte, in die Bundesliga?

Außerdem war er, das konnte man seinem nonkonformistischen Auftreten gleich anmerken, als Pädagoge ein Vertreter seiner Zeit. Keiner dieser autoritären Muffköppe, die sowieso langsam an den Schulen ausgestorben und von der Avantgarde des Fortschritts ersetzt worden waren.

Der Lehrer war nämlich eine zentrale Figur der sozialdemokratischen Phase der Bundesrepublik Deutschland, die 1969 mit der Amtsübernahme von Willy Brandt begann. (Finke war damals 21 Jahre alt.) Im Laufe der kommenden Jahre sollten vor allem die Pädagogen das nun endlich zu reformierende Deutschland mitgestalten. Denn wo konnte man besser ansetzen als in den Köpfen der nachkommenden Generation? Nur sollte in die nichts mehr wie einst eingebläut werden, sondern die Lehrer sollten partnerschaftliches Verhalten vorleben. Der Schüler war kein Hohlkörper mehr, in den man Wissen hineintrichterte, sondern ein zu respektierendes Subjekt, in dem Kreativität und Phantasie zu wecken waren. Dessen soziale Seite und Persönlichkeit gefördert werden sollten, auf dass er einmal mit all den guten Werten ausgestattet in die Welt hinausziehen sollte, um sie besser und schöner zu machen.

Wenn man dem Oberstudienrat Finke lauschte, hörte man diese Ideenwelt unschwer durch. Und so einer traf nun auf die Welt des Fußballs, die in ihrem Kern gesellschaftliche Änderungen traditionell stets später nachvollzogen hatte und konservativer gewesen war. Die lange Geschichte des Deutschen Fußball-Bundes belegt das auf traurige Weise im Großen. Im alltäglichen Leben von Clubs und Mannschaften in der Bundesliga dominierten damals Kommandogebell und schwarze Pädagogik. Es gab noch Strafrunden bis zum Kotzen, Demütigungen Einzelner vor der Mannschaft, und samstags auf dem Rasen war die Tierwelt der Terrier und Wadenbeißer nicht ausgestorben.

Die Reaktionen auf Finke waren reflexhaft. Der damals 41-Jährige mit dem Brilli im Ohr und den selbstgedrehten Zigaretten löste eine Fülle erwartbarer Projektionen aus. Die etablierten Kräfte der Branche sträubten sich gegen einen Coach, dem jeder Stallgeruch fehlte. Endlich einer von uns, jubelte hingegen das erweiterte Sport-Feuilleton stellvertretend für einen Teil der Öffentlichkeit, der sich im Fußball nicht vertreten gefühlt hatte. Und scharte dieser Finke nicht eine Studententruppe um sich (brachte also die Schüler sozialdemokratischer Erziehung in die Bundesliga)? Spielten sie nicht elegant und hinreißend offensiv? Das musste sie doch sein: die neue Zeit – endlich auch in der Bundesliga.

Der Verein funktionierte als Fläche für diese Projektionen besonders gut, weil er, aus der Ferne betrachtet, ohne Vorgeschichte war. So waren die Etiketten schnell aufgepappt. Finke war ein »anderer« Trainer, der SC Freiburg ein »anderer« Club. Und war Freiburg als nördlichster Ausläufer der Toskana (des sozialdemokratisch-grünen Traumlands) nicht sowieso immer schon eine irgendwie »andere« Stadt gewesen?

Zunächst bediente Finke diese Wahrnehmung, wenn er die Aufbereitung des Fußballs bei SAT.1 und die Usancen des Profigeschäfts kritisierte. Doch schon sehr bald, und schneller als es seine Parteigänger merkten, lieferte Finke ihnen Material dazu bestenfalls noch unter der Hand. Er wollte nicht der große Reformer werden, sondern begann sich seine Nische einzurichten.

Dort blieb er Lehrer, denn es gibt mehr strukturelle Ähnlichkeiten zwischen Schule und Fußball, als man vermuten würde. Sie liegen nicht nur darin, dass der Trainer einer Profimannschaft sich in Deutschland ganz ordentlich zum so genannten Fußball-Lehrer ausbilden lassen muss. Auch für Trainer und ihre Spieler gibt es Lerninhalte, Lehrpläne und Prüfungen. Die Lerninhalte heißen Kopfballspiel oder Verschieben im Raum, die Lehrpläne ergeben sich aus der Abfolge von Trainingseinheiten im Laufe einer Woche oder einer Saison. Und geprüft wird jeden Samstag um halb vier. Selbst Versetzungen oder Sitzenbleiben findet man in der Bundesliga, in den Uefa-Cup oder als Relegation in die zweite Liga.

Wie in einer Schulklasse gibt es in jeder Fußballmannschaft die Streber und die Faulenzer, den Klassenclown und den Klassensprecher. Der Lehrer muss darauf achten, dass alle mitmachen und die Klasse niemanden ausgliedert oder kleine Grüppchen den Zusammenhalt stören.

Ob in der Schule oder auf dem Trainingsplatz, der gute Pädagoge wird immer dafür sorgen, dass auch fürs Leben gelernt wird.

Es war in den vielen Jahren von Volker Finke beim SC Freiburg stets auffällig gewesen, dass seine Mannschaften besonders jung waren. Das erklärt sich zum Teil sicherlich aus der Struktur eines Clubs, der eben keine etablierten Profis kaufen kann und dessen Talente bald von großen Clubs weggelockt werden, wenn sie ihre Klasse nachgewiesen haben. Andererseits lag die Vermutung nahe, dass der Lehrer Finke lieber Talent entwickelt, als vorhandene Qualitäten nur zu verwalten. Und das mag erklären, warum er sich dem Werben großer Clubs stets verweigerte. Denn wie schön ist es, bei einem Team von Klassenbesten immer Einsen aufs Zeugnis zaubern zu müssen?

Schon längst Legende sind die Anekdoten, in denen seine Spieler ihre neuen Sportwagen lieber um die Ecke abstellten, damit ihr Fußballlehrer keine spöttischen Bemerkungen über Weißwandreifen oder Alufelgen machte. Gefürchtet sind die Ausbrüche des Trainers, die im bösesten Schimpfwort seines Vokabulars münden: asozial. So ist einer, der seine eigenen Interessen über die der Gemeinschaft stellt. Und man ahnt, dass hier zwar zunächst das Innenleben einer Fußballmannschaft gemeint ist, aber darüber hinaus noch viel mehr. Denn asozial ist auch der eigene Spieler, der einen Elfmeter schindet. Asozial springen die Clubs oft miteinander um oder mit ihren Spielern. Asozial ist es, mit Atomstrom Geld zu verdienen, wo man doch mit Sonnenkollektoren auf dem Tribünendach die eigenen Kabinen wärmen kann.

Wie schon gesagt, trug Volker Finke seinen Kampf gegen das, was er für asozial oder sonst wie verdammenswert hält, nicht gerne auf der großen Bühne aus. In Freiburg hatte er sich eher ein Gegenmodell geschaffen, auf dass jeder sehe, wie es anders gehen könnte.

All dem zugrunde lag jedoch seine wohl verblüffendste Leistung, ohne die alles andere hinfällig gewesen wäre: Er hatte sich einen ganz eigenen Lerninhalt erarbeitet, die wesentliche Voraussetzung für jene Fußballsiege, auf deren Fundament der SC Freiburg aufgebaut werden konnte.

Unmodern ist der deutsche Fußball lange nicht nur gewesen, was Grundüberzeugungen der Funktionäre oder Ton und Umgangsformen von Trainern mit ihren Spielern betrifft. Unmodern ist auch das Spiel auf dem Rasen gewesen, seine Systematik und Taktik. Davon profitierte der SC Freiburg lange, weil Finke sein Team auf der Höhe einer Zeit spielen ließ, die in Deutschland noch gar nicht angebrochen war. Wo viele andere Mannschaften einen Libero hinter der Abwehr absichern ließen und eifrige Manndecker ihren Gegenspielern kreuz und quer über den Platz hinterherjagten, organisierte sich die Freiburger Defensive bereits im Raum. Sie »verschob« sich auf dem Platz, als es hierzulande noch keinen Begriff dafür gab. Und den weiten Bällen der Gegner stellte sie ihren eigenen Kurzpasswirbel entgegen.

Es war das Spiel von den Igeln, die den Hasen jagten und ihn zur Verzweiflung brachten, weil er lange nicht begriff, was da geschah. Es drückte sich darin das Geschick eines Underdogs aus, der eben keine Profis der Spitzenklasse versammeln konnte. Der Erfolg des SC Freiburg stellte die Branche in Frage. Dieter Hoeneß, damals Manager in Stuttgart, sprach davon, dass sie 20 Jahre lang alles falsch gemacht hätten, wenn Freiburg in der Bundesliga bliebe. Freiburg siegte am drittletzten Spieltag in Stuttgart mit 4:0 und rettete sich am letzten Spieltag der ersten Bundesligasaison in Duisburg wirklich vor dem Abstieg.

Dem sozialdemokratischen Bildungseifer fügte Finke mit der Spielweise seiner Mannschaft ein Moment hinzu, das noch einmal in ganz anderen Begrifflichkeiten zu fassen ist. Um Innovation ging es, um die Beweglichkeit kleiner Einheiten und die Überlegenheit flacher Hierarchien. Der SC Freiburg wurde damit im Fußball so etwas, wie es die Hightech-Klitschen für die Informationstechnik waren. Heute auf dem Hinterhof, morgen für Abermillionen von den Großen gekauft.

Von den Großen geschluckt wurden zwar viele Spieler, ob sie Jörg Heinrich, Jens Todt oder Sebastian Kehl hießen. Der Vorteil einer strukturell überlegenen Spielweise verlor sich im Laufe der Jahre, was Finke früh voraussah und deshalb den Bau der Fußballschule forcierte. Denn nie wird der SC Freiburg über einen Etat verfügen, der einen Platz in der Bundesliga garantiert. Aber warum, so hatte Finke beharrlich wiederholt, sollte der Club nicht genauso viele Talente hervorbringen wie die Spitzenclubs?

Zweifellos ist Volker Finke ein Visionär, aber dass er stets Lehrer geblieben ist, hat instinktiven Widerspruch hervorgerufen, weil wir doch alle gerne mal ausgelernt hätten. Es wäre daher unehrlich zu behaupten, dass dem Trainer Volker Finke in all seinen Freiburger Jahren die Herzen immer zugeflogen wären. Nicht nur angesichts der Abstiege aus der Bundesliga äußerte sich ein Grollen des Publikums. Wenn die Mannschaft im eigenen Stadion geduldig ihre Kombinationen aufzog, war der seltsamste Fangesang des deutschen Profifußballs zu hören: »Schießen, Freiburg, schießen.« Fast meinte man Trotz herauszuhören, wenn die Zuschauer dagegen rebellierten, dass ihnen der Lehrer Finke angeblich donnernde Fernschüsse und einen klassischen Goalgetter vorenthielt.

Journalisten möchten einem Trainer ebenfalls gerne

mal nachweisen, dass er etwas falsch gemacht hat. So wie in der Schule. Herr Lehrer, da haben Sie sich aber verrechnet! Und selbstverständlich sind im Laufe der Jahre nicht alle Rechnungen von Finke aufgegangen. Doch man kann sicher sein, dass er zumindest alle Möglichkeiten durchkalkuliert hat und es einem anschließend auch nachweisen kann.

Denn das ist besonders bemerkenswert an Volker Finke und so gar nicht selbstverständlich: Man lernt immer etwas dazu, wenn man sich mit ihm über Fußball unterhält. Trainer neigen normalerweise dazu, und das gilt sicherlich auch für Führungskräfte andernorts, sich im Laufe der Jahre zu wiederholen. Man weiß dann schon, was einer in bestimmten Situationen sagen wird, und meistens tut er es auch. Selbst Finke erfindet die Fußballbetrachtung nicht ständig neu, doch er erweitert seine Analyse beharrlich. Das bedeutet: Er ist ein Lehrer, der selbst noch lernt.

Große Trainer, und Volker Finke gehört zweifellos dazu, bilden nicht selten eigene Schulen. Die Bundesliga hat erst etliche Weisweiler-Schüler gesehen, heute sind es vor allem die von Otto Rehhagel. Bei Finke ist das nicht abzusehen. Oder doch? Beim SC Freiburg arbeiten an verschiedenen Stellen Andreas Bornemann, Martin Braun, Carsten Neitzel und Damir Buric. Jens Todt war Chefscout bei Hertha BSC Berlin, Uwe Spies Manager in Ulm und Aalen, Jörg Schmadtke hat als Manager die marode Alemannia aus Aachen erfolgreich sportlich saniert und in die Bundesliga geführt. Wenn man mit ihnen über Fußball spricht, beziehen sie sich oft auf den Mann, der einmal ihr Trainer war. Öffentlich aber würden sie das nicht tun, ihr Lehrer könnte es schließlich merken.

I hate my dick!

Ich hatte nur kurz mit David Murray gesprochen, und sonderlich erhellend war das Telefonat nicht gewesen, doch auf Dick Advocaat machte es ungeheuren Eindruck. Er fragte mich zweimal, ob ich wirklich mit ihm geredet hätte, und fast schon Bewunderung klang dabei durch, zumindest aber Anerkennung. Murray, das werden hierzulande die wenigsten wissen (und man muss es auch nicht), gehören die Glasgow Rangers, wo Advocaat bis zum Dezember 2001 zweieinhalb schöne Jahre als Trainer hatte. Der Holländer durfte gleich nach Amtsantritt das Äquivalent des Staatshaushalts von Moldawien für eine neue Mannschaft ausgeben und gewann im Gegenzug das Triple aus Meisterschaft, Pokal und Liga-Cup. Außerdem verstanden sich Chairman und Coach so gut, dass sie so unzertrennlich wurden wie Wahlbrüder. Mehrfach am Tag besprachen sie am Telefon oder unter vier Augen das miteinander, was beim Club gerade anlag.

Ich hatte Murray auf Vermittlung eines schottischen Kollegen angerufen, und der mächtige Mann der Rangers erzählte, dass er Advocaat als einen »traditionellen Trainer« kennengelernt hätte. Das konnte man auch als »altmodisch« übersetzen, war aber durchaus als Lob gemeint. Advocaat und der schottische Großclub hatten zwei Jahre lang wunderbar zusammengepasst. Vor allem weil er dort so hatte sein dürfen, wie er sein wollte. Es hatte sogar ein schottisches Pokalfinale gegeben, zu dem alle Fans der Rangers in orangefarbenen Shirts gekommen waren. Das war einerseits eine politische Stellungnahme der protestantischen Anhänger des Clubs, ein Bekenntnis zu den royalistischen Oraniern. Es war aber auch eine Verneigung vor ihrem niederländischen Trainer, der bereits die Nationalmannschaft seines Heimatlandes trainiert hatte, die Oranje Elftal. Advocaat hatte das gerührt, weil die Menschen in Glasgow nicht viel Geld haben und trotzdem so ein Hemd gekauft hatten.

Es müssen solche Momente gewesen sein, in denen sich seine Ansicht verfestigt hatte, dass man in der Welt des Fußballs die Anerkennung und die Liebe des Publikums erwirbt, indem man erfolgreich ist. Alles andere findet Advocaat unwichtig. Nie in seiner Karriere hat er mit Journalisten fraternisiert. Die traditionellen Treffen schottischer Trainer hat er in seiner Glasgower Zeit nie besucht. Nicht einmal, so erzählte er mir, wäre er mit Spielern ein Bier trinken gegangen, obwohl ihn sogar Murray oft darum gebeten hatte. Ich habe es nicht gemacht und trotzdem hatte ich Erfolg, war der unausgesprochene Nachsatz.

Advocaat ist ein Einzelgänger, und jeder Einsatz von Charme oder eine Politik des Lächelns scheinen ihm als ein Verlassen des geraden Weges verabscheuungswürdig. Damit gewinnt er im Gespräch unter vier Augen, denn er kann Fußball gut erklären, und man spürt, dass er ein außergewöhnlicher Fachmann ist. Jenseits der Öffentlichkeit klingen seine Sätze auch nicht mehr so donnernd und kalt, wie sie sich lesen. Er entpuppte sich für einen Moment als freundlicher, ja sogar witziger Plauderer.

Als ich ihn in Mönchengladbach traf, war seine Zukunft dort noch offen, aus der vagen Ablehnung seiner Person war noch kein offener Hass geworden. Doch es deutete sich bereits an, dass es schwer für den kleinen Mann mit dem eckigen Kopf werden würde. Dietmar, seit

Jahrzehnten ein Fan der Borussia, schrieb mir im dunkelsten Ton der Klage in einer Mail: »I hate my Dick.« Das war mehr als ein lustiges Wortspiel mit dem englischen Begriff für Geschlechtsteil, denn Dietmar berichtete davon, wie entfremdet er sich seinem Club gegenüber fühlte und im Stadion selbst bei einem Treffer für Gladbach nicht mehr aufgesprungen war.

Ein paar Wochen später trat Advocaat zurück, Gladbach war in höchster Abstiegsgefahr, und der Coach hatte wohl auch seinen eigenen Ansprüchen nicht genügt. Seine Politik der Sprachlosigkeit war gescheitert, weil die Zeiten andere geworden sind. Wahrscheinlich sind sie das sogar in Schottland.

Whiskey mit Salvador Allende

Rudi Gutendorf ist so alt wie mein Vater, hat aber ungefähr zehnmal so viele Länder bereist. Noch mit 77 Jahren hat er die Frauenfußballnationalmannschaft von Samoa betreut. Es war seine 58. Trainerstation, mit der Gutendorf seinen Weltrekord für internationale Engagements noch ausbaute. Jetzt sitzt er bei der Eröffnung einer schönen Fotoausstellung mit dem Titel »Weltsprache Fußball« in Gelsenkirchen auf der Bühne, und ich darf mit ihm plaudern.

Am schönsten war es im Ruhrgebiet, erzählt er, und man ahnt bereits, dass Gutendorf weiß, was wo zu sagen ist. Als er gerade Nationaltrainer der Bermudas geworden war, fand er am Strand eine deutsche Zeitung, die Urlauber liegen gelassen hatten. Dort las er, dass Schalke ihn unbedingt verpflichten wollte, aber nicht wusste, wo er war. Gutendorf rief bei seinem Lieblingsclub an, kündigte umgehend auf der Insel und gab dem Verbandspräsidenten noch tausend Mark Ablösesumme, »damit er seinen Kindern ein paar Spielsachen kaufen konnte«.

Wenn Gutendorf erzählt, wird alles zur Legende. Er sagt, er hätte Schalke 1968 als Tabellenletzten übernommen, dass die Mannschaft danach ungeschlagen geblieben und mit ihm schließlich den Pokal gewonnen hätte. Als ich später nachschlage, stellt sich heraus, dass er sie als Vorletzter übernommen und noch eine Hand voll Spiele verloren hat, darunter das Pokalfinale gegen Bayern München. Gutendorf berichtet von einem triumphalen 2:0-Sieg über Borussia Mönchengladbach (»Deutschlands damals beste Mannschaft«) bei seinem Debüt in der ausverkauften Glückaufkampfbahn. Sein erstes Spiel war in Wirklichkeit jedoch ein 0:1 in Berlin, das 2:0 hingegen war ein Sieg im zweiten Spiel gegen den Viertletzten Frankfurt vor halbleeren Rängen.

Aber welcher Erbsenzähler will das so genau wissen, wo die Kraft der Geschichte gilt, und seine beste Schalker Anekdote stimmt sogar. Gutendorf ließ seine Spieler nämlich um halb sechs Uhr morgens an den Zechentoren vorbeilaufen; die Kumpels sollten sehen, dass auch ihre Kicker schufteten. Damit sie es auch wirklich erfuhren, bestellte Gutendorf Kamerateams und Journalisten. »Außerdem habe ich die Trainingsanzüge mit fluoreszierenden Schriftzügen bedrucken lassen«, sagt er. Na, wenn das mal stimmt.

Gutendorf ist nicht allein gekommen, Dieter Danzberg begleitet ihn. »Mein Vorstopper von Meiderich 1964«, stellt er ihn vor. Danzberg strahlt stolz wie Eckermann. In der ersten Bundesligasaison wurde der Meidericher SV, der sich erst vier Jahre später in MSV Duisburg umbenannte, völlig überraschend Zweiter, die Meisterschaft verpasste Gutendorfs Team um nur einen Sieg. Der weitgehend unbekannte Trainer hatte aus seiner Zeit in der Schweiz die Abwehrvariante des Riegels mitgebracht. In Deutschland wurde Gutendorf zu »Riegel-Rudi«, als sein MSV hinten mauerte und dann gefährlich konterte. Die anderen waren häufiger am Ball und verloren doch.

»Riegel-Rudi« ist er vier Jahrzehnte lang geblieben, in denen Gutendorf mit Salvador Allende Whiskey trank oder Hutu und Tutsi in Ruanda zusammenbrachte. Nie ist er in Vergessenheit geraten, denn Gutendorf war ein Trainer, der die Moderne seines Berufsstandes vorweggenommen hat. Er war der erste Coach in der Bundesliga, der sich durchsetzen musste, ohne ein großer Spieler gewesen zu sein. Wie später Daum oder Neururer machte er stets PR für sich. Was hilft es, erfolgreich zu sein, ohne dass jemand davon erfährt? Gutendorf sorgte dafür, dass man von seinen Dauerläufen entlang der Zechentore erfuhr oder wenn er auf dem Broadway in New York ein Showtraining machte. Doch kaum war er irgendwo angekommen, zog es ihn auch schon weiter. Heute ahnt man noch in wenigen Momenten hinter der Altersmilde den ungeduldigen und streitlustigen Trainer von einst. »Ich habe manchmal überzogen«, sagt Gutendorf. Das mag sein, aber seinen Geschichten hat das gutgetan.

Das Latour-Prinzip

»Die Welt ist meine Vorstellung«, sagte nicht Hanspeter Latour, nachdem der 1. FC Köln gerade 0:0 gegen Dortmund gespielt hatte, sondern schrieb Arthur Schopenhauer bereits 1819 in seinem Hauptwerk »Die Welt als Wille und Vorstellung«. Doch Kölns damaliger Trainer führte im Abstiegskampf der Saison 2005/2006, als seine Mannschaft gerade das dritte Remis hintereinander geholt hatte, die lange abendländische Diskussion fort, was wirklich ist oder wie das Realitätsprinzip aussieht. Er tat es mit so viel Schwung, mit so fester Stimme und solch glühendem Blick, dass man sich an Giovanni Trapattonis große Brandrede (»Ich habe fertig!«) erinnert fühlte oder Rudi Völlers vehementes Guru-Bashing auf Island.

Latour hob zum großen Rundumschlag gegen eine drückende Wirklichkeit an, ging allerdings nicht ganz so weit wie der französische Philosoph Jean Baudrillard, für den die Realität nur eine Simulation ist. Doch die Wirklichkeit der Bundesligatabelle, in der die Kölner durch das Unentschieden auf den letzten Platz abgerutscht waren, wollte er nicht anerkennen. »Wenn ich von dieser Tabelle rede, mache ich den Spielern nur Angst. Also mache ich meine eigene Tabelle«, erklärte der Coach kategorisch. Diese Latour-Tabelle umfasse nur die Zeit, in der er verantwortlich für die Mannschaft ist. »Wir haben seither einen Punkt mehr als der VfB Stuttgart geholt, das ist doch auch was«, rief er triumphierend.

Die Verbannung der Vergangenheit aus der Wirklichkeit sollte einen reinigenden Effekt auf die Spieler haben. »Ich will sie von der Vorrunde befreien«, sagte der Coach, »sie müssen aus dem Anzug herausschlüpfen, eine Verlierertruppe zu sein.« Man sollte endlich anerkennen, dass sie schon drei Partien hintereinander ungeschlagen war. Latour hätte noch sagen können, dass auch Borussia Mönchengladbach einen Punkt weniger geholt hatte, sonst fand sich aber leider selbst in seiner Sonderzählung kein weiteres Team, das auf noch weniger Punkte gekommen war. Tja, und so stand der 1. FC Köln auch in der Latour-Tabelle auf einem Abstiegsplatz.

Doch den Beherrscher der Wirklichkeiten konnte das nicht beeindrucken. Hatte nicht auch Herbert Marcuse erkannt, wie repressiv das Realitätsprinzip im Kapitalismus ist, und hatten nicht die Achtundsechziger das Lustprinzip dagegen in Stellung gebracht? Ähnlich befreit dekretierte Latour: »Für mich ist die Situation nicht so alarmierend, wie sie dargestellt wird.« Das leitete er nicht zuletzt aus dem Spiel gegen Dortmund ab. »Vielleicht habe ich eine extreme FC-Köln-Brille auf, aber die erste Halbzeit war stark«, sagte Latour. Da gab es wirklich keine zwei Meinungen, man hatte den Kölnern gar nicht angemerkt, dass sie 16 Spiele ohne Sieg waren. Doch unter Latour, das war klar, würde keine Depression einziehen, denn der große Unterhalter beherrschte auch das religiöse Fach. »Es wird ein Dreier kommen, und dann werden diese Unentschieden alle zählen«, prophezeite er. Und man war erstaunt, dass er kein »Wahrlich, ich sage euch« vorangeschickt hatte. Überhaupt nicht erstaunt war man hingegen, als der 1. FC Köln am Ende der Spielzeit in die Realität der zweiten Liga verwiesen wurde.

Begegnungen mit Gott

Man beginnt die neunzigtausend im Stadion Nou Camp von Barcelona zu hören, wenn Ottmar Hitzfeld von den Minuten zu erzählen anhebt, die ihm nach wie vor gegenwärtig sind. Immer noch ist nichts davon zur Anekdote geronnen, und der Ton seiner Stimme klingt entrückt, als würde er auf einen Film der Erinnerung schauen und staunend beschreiben, was er da sieht. Hitzfeld sagt, dass die Fans von Bayern München schon jubeln. Hinter dem rechten Tor können sie es kaum noch erwarten, endlich die Arme in die Luft werfen und sich gegenseitig umarmen zu dürfen. Sie werden schreien, singen und weinen vor Glück, weil ihre Mannschaft bald die größte Trophäe gewonnen haben wird, die es für eine Vereinsmannschaft auf diesem Kontinent zu gewinnen gibt: die Champions League.

Zum letzten Mal durften Spieler des FC Bayern den Silberpokal mit den großen Henkeln 1976 auf den Straßen von München vorzeigen, nachdem sie das Endspiel in Glasgow gegen den AS St. Etienne gewonnen hatten. 23 Jahre lang haben sie seither immer neue Anläufe unternommen, diesen Triumph zu wiederholen. Zweimal haben sie es immerhin bis ins Finale geschafft, dort aber verloren. Nun ist der Sieg ganz nahe. 1:0 führt der FC Bayern, seit Mario Basler in der sechsten Minute einen Freistoß verwandelt hat. In großer Gefahr ist die Führung seither nicht gewesen, dennoch schauen die Sieger von damals und Vereinsbosse von heute oben auf der Tribüne nervös auf die Uhr: Franz Beckenbauer und Karl-Heinz Rummenigge.

Uli Hoeneß sitzt als Manager neben Hitzfeld auf der Bank, und die beiden hören, dass die Fans von Manchester United noch einmal Lärm machen. Ihr Team stürmt auf das Tor vor ihrer Kurve, und vielleicht klappt es zumindest noch mit dem Ausgleich als zwischenzeitliche Rettung in die Verlängerung. Der vierte Schiedsrichter greift zur kleinen Anzeigetafel, auf der die Ziffer anzeigen wird, wie lange nachgespielt werden soll.

Die »3« leuchtet rot auf, und die Fans der Bayern singen immer noch. »Ich habe gedacht: Wieso können die singen und glücklich sein, es ist doch nicht vorbei?«, sagt Hitzfeld. Hinter der Trainerbank hantieren einige Betreuer schon mit Mützen oder T-Shirts, die vom Gewinn der Champions League durch den FC Bayern München am 26. Mai 1999 im Stadion Nou Camp von Barcelona künden. »Ich sagte: ›Seid ihr verrückt?‹«, erzählt Hitzfeld und schaut dann sorgenvoll nach rechts oben, als ob neben ihm wieder der vierte Schiedsrichter stehen und die Nachspielzeit anzeigen würde. Kann die Geschichte vielleicht doch noch ein anderes Ende finden?

Jedes Spiel liefert eine Überfülle von Informationen, und viele Jahre lang hat Hitzfeld sie bei Partien auf höchstem Niveau richtig geordnet und daraus die richtigen Schlüsse gezogen. Die Prozessoren in seinem Trainerhirn haben in Höchstgeschwindigkeit alles verarbeitet, was auf dem Rasen passierte. Er hat Fußball in seiner Komplexität durchdrungen, kennt alle möglichen Wendungen während der 90 Minuten und weiß, was in den Beinen, Köpfen und Herzen der Spieler passieren kann. Hitzfeld ist einer der großen Leser des Spiels und deshalb der erfolgreichste deutsche Vereinstrainer aller Zeiten.

Selbstverständlich hat er sich auch stets mit den neuesten Erkenntnissen der Sportwissenschaft beschäftigt und schon früh mit Videoanalysen gearbeitet. Es gehört für ihn zum Berufsethos, in diesen Fragen auf dem neuesten Stand zu sein, denn die Geschichte des Fußballs kann man auch als die seiner Verwissenschaftlichung erzählen. In vielen Stadien europäischer Spitzenclubs sind heute um das Spielfeld Sensoren angebracht, die den Trainern nach Schlusspfiff Aufschluss darüber geben, wie viel Meter jeder Spieler gelaufen ist, wie viele Zweikämpfe er dabei geführt, gewonnen und verloren hat. Auf dem Bildschirm des Computers kann der Coach sich diese Zweikämpfe anschauen oder er kann sich ein Bewegungsdiagramm seines Spielers anzeigen lassen. Zugleich macht die Sportmedizin ständig Fortschritte, und avancierte Clubs arbeiten mit einem Data-Mining-System, das die Trainingssteuerung optimieren soll, um nicht nur die Leistungsfähigkeit der Spieler zu steigern, sondern auch ihre Fehlzeiten durch Verletzungen zu reduzieren. Der Fußballprofi ist gläsern geworden, und selbst seine psychologische Betreuung ist nicht mehr das Tabu, das sie einmal war. Immer selbstverständlicher gehören Psychologen zum Trainerteam von Fußballmannschaften, denn keine Ressource soll ausgelassen werden.

Diese Anstrengungen sind eine logische Folge der ökonomischen Aufwertung des Fußballs, denn es lohnt sich finanziell, mit wissenschaftlicher Akribie die eigene Siegchance zu steigern. Doch es gibt noch eine andere Kraft hinter dem Interesse an solchen Entwicklungen.

»Ich kann nicht verlieren«, sagt Hitzfeld.

Das ist eine existenzielle Aussage und wie das so oft zitierte Bonmot des englischen Trainers Bill Shankly, Fußball sei wichtiger als Leben und Tod, bitterernst zu verstehen. Hitzfelds Züge verhärten sich, wenn er über Niederlagen spricht, als würde er über seinen größten Feind reden. Für ihn oder Shankly und viele andere Spieler oder Trainer haben Fußballkämpfe eine zutiefst grundsätzliche Bedeutung. Deshalb bieten sie gegen die Niederlage auch alles Erdenkliche auf, nichts soll dem Zufall überlassen werden.

Hitzfeld hat mit seinen Spielern auch darüber geredet, dass man ein Spiel noch in der Nachspielzeit verlieren kann und sich stets bis zum Abpfiff konzentrieren muss. Das war eine rationale Überlegung zur Gefahrenabwehr. Was kann schiefgehen, was kann ich dagegen tun? »Ein Mensch, der keine Angst hat, überlegt zu wenig, was alles passieren kann«, sagt er. Am 26. Mai 1999 passiert jedoch etwas, das außerhalb dessen liegt, was man sich vorstellen kann. Hitzfeld registriert es, als die rote »3« aufleuchtet.

»Ich sah das und habe innerlich einen Stich bekommen. Ich habe gespürt, da passiert was. Es ist nicht erklärbar. Du sitzt am Puls des Geschehens, merkst, was in der eigenen Mannschaft läuft und beim Gegner. Das ist eine Sensibilität, die eigentlich jeder hat, denn wir alle haben Vorahnungen, nur haben wir verlernt, darauf zu achten.« In diesem Fall hat Hitzfeld etwas vorgeahnt, das einer Lawine gleichkommt, die seine Mannschaft begräbt. Manchester United gleicht in der Nachspielzeit nicht nur aus, sondern erzielt auch noch den Siegtreffer. Innerhalb von 102 Sekunden treffen die Engländer zweimal nach Eckbällen. Dann ist das Spiel vorbei.

Der Schmerz darüber muss ungeheuer gewesen sein. Vor allem für einen, der Niederlagen so wenig ertragen kann. Hitzfeld spricht darüber nicht. Nach dem Abpfiff ging er in Barcelona über den Platz und versuchte seine

Spieler zu trösten, die mit leeren Gesichtern auf dem Rasen hockten oder laut schluchzten. Günter Netzer sagte damals: »Solange ich Fußball sehe, habe ich so etwas Grausames noch nicht erlebt.« Die Süddeutsche Zeitung nannte das Spiel »die Mutter aller Niederlagen«.

Im Fußball wird kaum von »großen Niederlagen« gesprochen, jedenfalls nicht jenseits von »großer Pleite« oder »fetter Blamage«. Es macht den Eindruck, als würde man im Zusammenhang einer Niederlage nicht von Größe sprechen dürfen. Dabei lebt das Drama des Fußballs auch von solchen Partien, in denen die Fliehkräfte des Spiels verrücktspielen. Wenn man ratlos einer Mannschaft gegenübersteht, die plötzlich das *momentum* hat, wie es im Englischen heißt. Eigentlich ist *momentum* ein physikalisch-technischer Begriff, den man als Impuls und Triebkraft übersetzen könnte oder auch als Schwung. Dabei klingt mit, dass einem Team das *momentum* einfach so zufällt – von wo auch immer. Wenn es wirkt, wird Fußball diffus und groß. Wie in Barcelona, aber nicht nur dort. Denn die Mutter aller Niederlagen hat noch andere schöne Töchter.

Eine Steintafel am Azteken-Stadion in Mexiko-City erinnert an das »Spiel des Jahrhunderts« zwischen Italien und Deutschland während der Weltmeisterschaft 1970. Wenn man sich diese Partie heute anschaut, fällt es fast 90 Minuten lang schwer, ihren Nachruhm zu verstehen. Doch die reguläre Spielzeit war nur das Vorspiel zu dem, worum es wirklich geht. In der Verlängerung offenbart sich der sowieso seltene und bei Spielen der Weltmeisterschaft erst recht kaum gesehene Umstand, dass sich nicht nur eine Mannschaft plötzlich dem *momentum* gegenübersieht, sondern die geheimnisvolle Kraft zwischen beiden Teams mehrfach hin und her wechselt. Als Deutschland in der Nachspielzeit zum 1:1 ausgleicht – ausgerechnet durch Schnellinger, der in Italien unter Vertrag steht. Als Deutschland in der Verlängerung zweimal in Führung geht und diesen Vorsprung verzweifelt mit einem verletzten Franz Beckenbauer im Team verteidigt, dessen rechter Arm fest an die Brust bandagiert ist. Italien gewinnt schließlich mit 4:3, und dass diese Teams überhaupt zusammentreffen, war nur möglich, nachdem in der Runde zuvor der Titelverteidiger England das *momentum* trotz einer 2:0-Führung endgültig verlor, als Trainer Ramsey seinen Kapitän Bobby Charlton nach dem deutschen Anschlusstreffer auswechselte. England unterlag mit 2:3.

Und war es nicht auch eine große Niederlage, als die Engländer 16 Jahre später erneut, wieder im Viertelfinale einer Weltmeisterschaft in Mexiko, diesmal gegen Argentinien ausschieden? In England wird das vielleicht niemand so sehen, weil Maradona in der 51. Minute den Ball mit der Hand an Keeper Peter Shilton vorbei ins Tor tippte. Dass Maradona die »Hand Gottes« am Werke sah, findet selbst heute auf der Insel niemand poetisch. Dabei konnte Maradona auf dem absoluten Höhepunkt seiner Karriere nur von anderen Kräften gelenkt sein. Denn nicht einmal drei Minuten später hob er zu einem der größten Solos an, die man je bei einer Weltmeisterschaft gesehen hatte, ja vielleicht überhaupt. Er allein hatte *momentum* genug für sein ganzes Team, spielte drei, vier, fünf, sechs, sieben Engländer aus und traf dann ins Tor. Die Engländer, die den Fußball erfunden haben, mochten ihre Niederlage dennoch nicht als episch feiern. Die Buchmacher werteten Maradonas ersten Treffer nicht und zahlten jenen Wettern Gewinne aus, die auf ein 1:1 getippt hatten.

Welche Kräfte waren im Sommer 2005 am Werk, als dem AC Mailand im Finale der Champions League eine

3:0-Führung gegen den FC Liverpool in der zweiten Halbzeit noch entglitt und er schließlich im Elfmeterschießen verlor? Warum war gerade dieser FC Liverpool fünf Jahre zuvor Sieger in der Verlängerung über CD Alavés gewesen, obwohl sie im Finale des Uefa-Cups zwischendurch ein 3:1 verspielten, wieder in Führung gingen und das 4:4 in der 90. Minute kassierten? Wer hielt den FSV Mainz 05 dreimal am letzten Spieltag in der zweiten Liga vor dem Aufstieg zurück, und warum gelang es beim vierten Mal? Weshalb hingegen erholte sich Hessen Kassel vom gleichen Schicksal bis heute nicht?

Welchen Spielraum gibt es in solchen Fällen für Analysen? Die Mannschaftssitzung nach der Niederlage der Bayern in Barcelona dauerte eine halbe Stunde, war also länger als alle anderen in der Karriere von Ottmar Hitzfeld. »Ich habe gesagt: ›Jungs, wir müssen ehrlich sein. Wir sind selbst schuld. Wir hätten die Chancen besser verwerten müssen und standen im Defensivbereich ungeordnet bei den Ecken.‹ Carsten Jancker und Mehmet Scholl, die beim Stand von 1:0 nur den Pfosten trafen, hätten im Abschluss konzentrierter sein müssen.« Doch das war nicht die Wahrheit, denn für die Wahrheit war kein Platz. »Ich bin Trainer und muss immer eine Erklärung haben, das wird von mir erwartet«, sagt Hitzfeld. »Ich konnte nicht sagen: ›Jungs, das war Schicksal.‹«

War es denn Schicksal?

»Natürlich wusste ich: Das ist eine höhere Macht.«

Die große Niederlage im Fußball ist die Begegnung mit einem strengen Gott, der nicht nur geben kann, sondern auch nehmen. Er nimmt trotz der besten Vorbereitung und aller Videostudien, trotz Akribie und Fleiß. Trotz der Bereitschaft, alles zu geben, lässt er Kräfte schwinden oder sie dem Gegner zuwachsen. Und wir sehen dabei zu, und es schaudert uns. An solchen Tagen bleiben auch die Verlierer in Erinnerung: 1966 Uwe Seeler mit hängendem Kopf nach dem WM-Finale, geschlagen durch einen Treffer, der keiner war. 1970 der besiegte Franz Beckenbauer mit seinem Arm in der Schlinge oder 1999 der weinende Sammy Kuffour. Sie hatten nicht schlecht gespielt, Fehler gemacht oder sonst etwas, das von der großen Rationalisierungsmaschinerie erfasst werden könnte. Ihnen war das Schicksal begegnet. Aber sprechen darf man darüber nicht, denn es würde einen Trainer oder Spieler unglaubwürdig machen. Es würde nach Entschuldigungen klingen und Ausreden.

Hitzfeld nimmt noch einen Schluck Kaffee, der inzwischen kalt geworden sein muss. Die Reise in den Hades der Erinnerungen ist vorbei, und jetzt lächelt er entspannter. Wahrscheinlich hat er über seine größte Niederlage nur deshalb gesprochen, weil der Geschichte zwei Jahre später ein zweiter Teil zugewachsen ist.

Diesmal hört man die Fans nicht so laut, als Hitzfeld darüber spricht. Patrick Andersson läuft in der Nachspielzeit im Strafraum des Hamburger SV zu einem Freistoß an. In Schalke ist das Spiel bereits vorbei, und Zehntausende sind auf den Rasen gestürmt, um die Deutsche Meisterschaft zu feiern. Kurz zuvor hat der HSV ausgeglichen, und dieses Remis ist zu wenig für die Bayern. »Es ist mein Wille und meine Einstellung, bis zum letzten Moment nicht aufzugeben«, sagt Hitzfeld, »aber da habe ich gedacht, dass nicht nur die Deutsche Meisterschaft, sondern auch die Champions League verloren ist und ich im Laufe der nächsten Saison entlassen werde. Ich habe mir zwar gesagt: Der ist drin! Aber das war antrainiert, das war Zweckoptimismus.«

Dann legt Stefan Effenberg den Ball für Andersson vor,

der schwedische Verteidiger schießt, und auf wundersamem Weg rauschte der Ball an der gesamten Hamburger Mannschaft vorbei ins Tor. Das ist fast unmöglich, aber es ist der Siegtreffer und die Meisterschaft 2001 für Hitzfeld und seine Bayern. Vier Tage später in Mailand gewinnen sie im Elfmeterschießen gegen Valencia auch die Champions League. Ohne Anderssons Treffer hingegen wäre Hamburg für die Bayern zu einem zweiten Barcelona und Hitzfeld zu dem Mann geworden, von dem sich Gott zweimal abgewendet hat. So ist die Bilanz ausgeglichen.

Fünf Jahre später hat Hitzfeld die Bilder von Anderssons Tor zum ersten Mal wieder gesehen. »Aber ich kann das nicht mehr anschauen, da kommen mir die Tränen.«

Selber spielen

Die Botschaft der Wade

Gestern Abend habe ich erfahren, dass man auswärts eher lacht. Die Lektüre einer gelungenen Pointe sorgt, das ist angeblich wissenschaftlich erwiesen, in der Straßenbahn oder im Zug für einen lauten Lacher, während der Heimleser an der gleichen Stelle bestenfalls stumm in sich hineinschmunzelt. »Home reading is killing laughter«, muss ich also warnen und werde bis zur genaueren Klärung des Problems erst einmal nachdenkliche Texte schreiben. Etwa über Muskelfaserrisse.

Das Thema habe ich nämlich ausführlich recherchiert. Muskelfaserrisse gelten heutzutage unter Fußballfans zwar als langweilige Bagatellverletzungen, dafür tun sie aber erstaunlich weh und zwingen einen auf Krücken. Dass man schon zwei Wochen danach wieder auf dem Platz steht, scheint nur im Paralleluniversum des Profifußballs vorzukommen. Mein Orthopäde begrüßte mich dennoch acht Tage, nachdem ich schmerzklagend ins Seitenaus gerobbt war, mit den Worten: »Wie, besser geht's noch nicht?« In seiner Praxis hängen Trikots von berühmten Spielern, die sich für die tolle Behandlung bedanken, und dafür, dass sie so schnell gesund geworden sind.

Ich hingegen führte seinerzeit das ruhige Leben einer Couch-Kartoffel, was zwar nicht schön ist, aber zweifellos einen tieferen Sinn hat. Klaus Theweleit hat eine schöne Theorie seines »denkenden Knies« entwickelt, dessen Verletzungen er entscheidende Wendungen seines Lebens verdankt. Ich fragte mich nun, was sich meine

Wade für mich ausgedacht hatte. Krankheit ist immer auch Chance, und meine lag vielleicht darin, über das Wesen der Freude im Leben der Fußballfans nachzudenken. Hilfreich dabei ist vor allem mein Freund Günther, der aus dem Freuen eigentlich gar nicht mehr herauskommt, denn er ist seit fast vier Jahrzehnten Anhänger von Werder Bremen, das gerade das erfolgreichste Jahr der Vereinsgeschichte hatte.

Weil er jedoch eben schon so lange dabei ist, weiß Günther längst, dass nach dem Sieg stets vor der Niederlage ist. Das lehrt Demut, Weitsicht und selbst im Fall des Double-Gewinns von Meisterschaft und Pokal die Contenance zu bewahren. Vom deutschen Pokalendspiel gegen Alemannia Aachen kam er etwa mit der Formulierung »gebauter Jubel« zurück. Das sollte zum Ausdruck bringen, dass die dort allenthalben behauptete überschwängliche Freude gar keine gewesen wäre, sondern eine derart konstruierte, dass man sich angesichts des Doubles ganz toll freuen muss, obwohl der Pokal gegen den damaligen Zweitligisten doch eher »abgeholt« wurde, wie Günther sich ausdrückte.

Angesichts des Meisterschaftsgewinns hatte Günther zudem die These entwickelt, er würde Werder Bremen zunehmend »spielorientiert« und immer weniger »tabellenorientiert« sehen. Es macht ihn also nicht der Tabellenstand froh, sondern das gute Spiel seines Teams – und zwar jedes für sich. Entscheidend sind für ihn die neunzig Minuten im Stadion, die Tabelle sei dafür nur eine abstrakte Überformung, die das einzelne Spielerlebnis nur unzureichend ausdrückt. Schließlich gibt es auch für einen Sieg nach höchst unbefriedigendem Kick nicht weniger als drei Punkte. Viele gute Partien, und die gab es bei Werder Bremen zuhauf, führen andererseits trotzdem an die Tabellenspitze. Aber letztlich sind auch Titelgewinne keine Endpunkte, sagt Günther. Zwar behaupten sie, dass für einen Moment die Zeit stillsteht, in dem gesagt wird, dass nun Geschichte geschrieben wird, aber selbstverständlich geht es weiter, und damit muss man sich als Fußballfan zu arrangieren lernen.

Das klingt zugleich weise und ein wenig traurig, beinhaltet aber auch das tröstliche Wissen, dass Muskelfasern wieder zusammenwachsen, man sich vom Sofa erheben und die Leser endlich wieder energisch vor die Tür scheuchen kann.

Hodenstopp

Werden eigentlich Politikjournalisten auch danach gefragt, ob sie Politik machen oder mal gemacht haben? Damit sie sich besser in die Bundeskanzlerin hineinversetzen können, weil sie nebenbei im Stadtrat für Umgehungsstraßen streiten? Gibt es Filmkritiker, die mal Regisseure waren, Schauspieler oder zumindest Fahrer am Set? Und müssen Autotester eigentlich Ingenieure gewesen sein, Kfz-Mechaniker, oder reicht es, den Führerschein wegen notorischer Raserei verloren zu haben? Als Fußballreporter wird man jedenfalls regelmäßig gefragt: »Und, spielst du auch?«

Ich bejahe dann meistens, obwohl es eigentlich nicht mehr stimmt, da ich unbemerkt von der Weltöffentlichkeit meine Karriere beendet habe. Doch offensichtlich glauben viele Leute, dass man sich diesem Thema nun unbedingt praktisch genähert haben muss. Was zumindest für Jungs kein Problem ist, denn irgendwann hat fast jeder mal vor einen Ball getreten. Und sei es bei der DJK Elpeshof, den Giganten des Herner Fußballs, deren B-Jugend zu meiner Zeit in der untersten Leistungsgruppe angesiedelt war und dort – ich will es nicht verhehlen – auf dem letzten Platz stand.

Damals wurde ich zum ersten Mal mit den Finessen der Fußballtaktik vertraut gemacht, denn unser Trainer verpasste uns ein den sportlichen Möglichkeiten entsprechendes 9-0-1-System, mit dem ich total einverstanden war, denn ich war darin der einsame Stürmer. So bestanden unsere Sonntagvormittage darin, dass die neun Mann hinten sich eifrig gegen die Übermacht aus Holsterhausen oder Bickern wehrten, während ich auf die historische Chance eines Konters lauerte. Dazu lungerte ich am Mittelkreis herum, denn die einzige Waffe, die ich ins Spiel einzubringen hatte, war Schnelligkeit.

Gerieten meine Kollegen in Ballbesitz, kloppten sie den Ball hoch und weit nach vorne, auf dass ich meinem Gegner davonlief und freie Bahn aufs Tor hatte. Sonderlich erfolgreich war dieses Konzept nicht, obwohl gerade die Vorstopper, die mich am Anstoßpunkt bewachten, zumeist die dicken Kinder von Herne waren. Doch selbst die kannten den Hodenstopp: Bevor ich enteilen konnte, griffen sie kurz zwischen den Beinen hindurch und schnappten zu. Das mussten sie nur kurz machen, denn es tat ganz schön weh, außerdem rutschte dabei die Hose herunter. Da die Notbremse damals noch nicht mit einem Platzverweis geahndet wurde, blieb es zumeist bei einer Ermahnung, und ich war der Schnelligkeit beraubt.

Gerne würde ich daraus den Schluss ableiten, dass ich es mit einer damals schon strengeren Regelauslegung bis in die Bundesliga geschafft hätte, wie uns ja allen der große Durchbruch nur deshalb verwehrt blieb, weil irgendwas dazwischengekommen ist, und sei es ein Trainer wie Detlef. Als A-Jugendlicher wechselte ich zu DJK Sportfreunde 19 Herne und irrte mit Detlef fortan am Sonntagmorgen durch die Straßen der Stadt.

Die Fahrten zu den Auswärtsspielen nahmen ihren Ausgang an der Vereinsgaststätte, wo meine Mitspieler teilweise am Abend zuvor Alkoholabusus betrieben hatten, wie sie stolz erzählten. (Teilweise fielen auch Dinge mit Mädchen vor, von denen ich noch nichts wusste.) Ein Fahrzeug, seinen orangefarbenen Käfer, stellte Trainer

Detlef zum Transport zur Verfügung, und ich fuhr deshalb gerne mit ihm, weil es danach nur besser werden konnte. Denn Detlef rauchte, während er fuhr, und häufig ließ er die brennenden Zigaretten fallen. So war der Innenraum voller Brandlöcher, jedes eine Erinnerung an Todesgefahr, denn Detlef suchte nach den heruntergefallenen Kippen während der Fahrt. Außerdem wusste er nie, wo die anderen Sportplätze waren, sodass wir oft in Zeitnot gerieten, weshalb er vor Aufregung die brennenden Zigaretten noch schneller fallen ließ. Danach hatte ich vor nichts mehr Angst, was aber auch nichts half, denn bei mehr als elf Spielern setzte Detlef mich meistens auf die Bank. (Das war jedoch nicht das Ende der Fußballkarriere, weitere tolle Höhepunkte mit dribbelndem Tunesier und reichlich Haschisch werden bei Gelegenheit nachgereicht.)

George Best von Herne

Ich glaube, dass er mit Vornamen Roland hieß und dass sein Nachname auf -ski endete, wie das halt im Ruhrgebiet so ist, mit all den Koslowskis, Kaminskis und Kalwitzkis, die aus Polen kamen und tief in der Erde nach Kohle buddelten. Rolands Vater arbeitete aber nicht auf der Zeche, und meine Mutter warnte mich, dass diese Leute Proleten seien. Was ich aber nur als Hinweis verstand, dass es bei denen zu Hause wohl anders zuging als bei uns, und schon war meine Neugier geweckt. Zumal Roland sagenhaft gut Fußball spielen konnte.

Wir kickten nachmittags immer auf dem Sportplatz des Mädchengymnasiums, der diesen Namen eigentlich nicht verdiente, denn er bestand nur aus einem Rechteck roter Asche und einem asphaltierten Basketballfeld, auf dem nie jemand spielte. Wir hingegen machten es so, wie es viele Generationen von Zwölfjährigen vor uns schon gemacht hatten und viele danach: Wir erledigten eilig unsere Hausaufgaben und spielten dann, bis es dunkel wurde. Ein Spiel hatte nicht neunzig Minuten, sondern ein Vielfaches davon. Wenn es zu einseitig wurde, etwa beim Stand von 23:8, mischten wir die Mannschaften neu, aber eine umkämpfte Partie konnte auch schon mal drei Stunden dauern.

Wie umkämpft diese Spiele waren, hatte immer auch damit zu tun, ob Roland dabei war oder ob es uns gelang, ihm so viele schlechte Spieler in seinem Team zuzuschlagen, dass seine turmhohe fußballerische Überlegenheit nicht umweglos zu langweiligen Resultaten führte. Irgendwie konnte Roland auf dem Platz nämlich alles: Er war schneller und stärker als wir, vor allem aber beherrschte er die tollsten Tricks, selbst wenn wir mit einer »Flautsche« spielen mussten, wie wir einen Ball nannten, in dem nicht genug Luft war. Jedenfalls entzog sich Roland unseren Versuchen, ihm den Ball abzunehmen, ohne große Probleme, was manch aufgeschürftes Knie und manch blutigen Oberschenkel zur Folge hatte, wenn wir es in unserer Verzweiflung auf der roten Asche mit Tacklings versuchten.

Roland wirkte immer etwas distanziert und so, als wolle er um seine Fähigkeiten nicht zu viel Aufhebens machen. Angeblich spielte er auch noch in einem Verein, was für mich trotz aller Begeisterung fürs Kicken damals nicht in Frage kam. Dass Roland in richtigen Fußballspielen mittat, verstärkte meine Wahrnehmung seiner mystischen Aura nur noch. Seit einem Besuch in der engen Dachwohnung seiner Eltern wusste ich außerdem, dass Roland über tolles Geheimwissen verfügte, denn er hatte mir Singles von T.Rex und Suzi Quatro, von Mud und von The Sweet vorgespielt. Als ich die Cover der Platten sah, wusste ich auch, woher Roland, der schon keinen Kleine-Jungs-Haarschnitt mehr hatte, die Inspirationen für seine Frisur bekam.

Ich fand die Musik, die Haare so unendlich cool wie seine Hackentricks und Übersteiger. Wenn so Proleten waren, wollte ich auch einer sein. Andererseits war mir Roland auch etwas unheimlich, denn irgendwie wurden von dieser Suzi Quatro in den Lederklamotten offensichtlich Dinge verhandelt, die damals in der Welt eines Zwölfjährigen verdammt bedrohlich erschienen. Man muss es wohl Sex nennen, was ein ziemlich dunkler Kontinent war, auf dem Roland aber wohl im weitesten Sinne Erfahrungen zu haben schien, wie er andeutete, wenn er von der Hauptschule erzählte, in der er gemeinsam mit Mädchen in eine Klasse ging, während wir auf dem Jungengymnasium rätselten, was es mit dem anderen Geschlecht so auf sich hatte.

Irgendwann kam Roland seltener zum Fußballspielen, der George Best meiner Kindheit glaubte wohl, dass es Aufregenderes gäbe, als mit anderen Jungs in einer Staubwolke hinter Bällen herzulaufen, in denen auch noch zu wenig Luft war. Er entschied sich gegen unsere Bewunderung, gegen Dribblings und Tore. Er entschied sich für Singles mit lauter Musik, für Asbach-Cola und dafür, Mädchen unter den Rock zu fassen. Leider konnte ich ihn nie fragen, ob das die richtige Entscheidung gewesen war. Als ich hingegen aufhörte, nach dem Fußballspielen Milch zu trinken, gab es leider immer noch kein Fußballtalent zum Verschwenden.

Das teuflische Trikot (oder: Die Rückkehr der Wade)

Irgendwann war wirklich das Trikot der Orlando Piraten in der Post, das, obwohl der Club bekanntlich im südafrikanischen Johannesburg zu Hause ist, in Irland losgeschickt worden war. Weshalb man bereits ahnen kann, dass es hier um eine reichlich komplizierte, einerseits weltumspannende, leider jedoch auch beinumwickelte Geschichte geht, die am zweiten Adventswochenende des Jahres 2003 in Freiburg ihren Anfang nahm.

Damals trat der VfL Bochum im Dreisamstadion zu einem Bundesligaspiel an, das sich schnell zu einer verblüffend hysterischen Angelegenheit entwickelte. Fünf Tore waren nach nicht einmal 25 Minuten gefallen, der SC Freiburg führte 3:2, und anschließend wogte das Spiel aufgeregt hin und her, bis sich Peter Neururer elf Minuten vor Schluss dazu durchrang, Delron Buckley einzuwechseln. Der südafrikanische Stürmer spielte zu diesem Zeitpunkt bereits seit acht Jahren für den VfL Bochum und hatte sich zu einer lebenden Wundertüte entwickelt. Nie wusste man, ob er vielleicht in genialer Manier den Siegtreffer erzielen oder ob er doch nur wieder bis zum Abpfiff nicht mitbekommen würde, dass die Partie schon lief. Dieser Buckley also sollte es richten, und kaum hatte er den Platz betreten, machte sich auch schon sein Gegenspieler auf den Weg. Buckley schaute ihm interessiert hinterher, wünschte wohl auch alles Gute, jedenfalls flankte sein Mann ohne Bedrängung und bereitete so das entscheidende vierte Tor für Freiburg vor.

Ich fluche, aber weil der Sieg Freiburg entscheidenden Abstand zur Abstiegszone verschaffte, waren wenigstens meine Freunde glücklich. Ich versuchte, die Niederlage mit einem ungefährdeten Auswärtssieg beim Wettessen in Freiburgs gefürchtetster Schnitzelhölle wettzumachen, und dabei sowie noch ein paar Bieren wäre es wohl auch geblieben, wäre Thomas Gottschalk nicht in der Stadt gewesen. Es klingelte im weiteren Verlauf des Abends nämlich das Telefon meines Freundes Uli, und wir wurden eingeladen, noch einmal ins Stadion zurückzukehren, wo sich bereits etliche tausend Zuschauer eingefunden hatten, weil sie zum Finale von »Wetten dass …« weihnachtlich verkleidet in der Fankurve unter Leitung des damaligen Freiburger Torwarts Richard Golz singen wollten. In Erwartung dieses schönen Höhepunktes hatten sich einige Sponsoren und Offizielle des Clubs in den VIP-Räumlichkeiten des Stadions versammelt und feierten zugleich den Sieg vom Nachmittag.

Besonders guter Dinge war Manager Andreas Bornemann, der uns eingeladen hatte. Im Erfolg mitfühlend und äußerst gastfreundlich, wollte er mich sogar mit einem Geschenk trösten, dabei hatten wir zuvor nur einige Male miteinander gesprochen. Bornemann hatte den Zeugwart angewiesen, aus dem Berg der nach dem Spiel getauschten Trikots eines der Bochumer herauszugreifen, und überreichte es mir bereits frisch gewaschen. Eine außergewöhnlich nette Geste war das, und ich wollte mich schon überschwänglich bedanken, als ich den Namen auf dem Rücken las: BUCKLEY. Ich erstarrte! Klar, der Zeugwart hatte einfach in den Haufen Bochumer Trikots gegriffen. Aber die Szene vom Nachmittag war wieder wachgerufen und damit mein Ärger. Selten habe ich mich schlechter bedankt und hoffe bis heute, dass diese Unfreundlichkeit angesichts der guten Stimmung nicht weiter aufgefallen ist.

Mein Buckley-Trikot trug ich fortan gelegentlich beim Freizeit-Kick, allerdings zunehmend widerwillig, denn meine Leistungen waren darin noch schlechter als sowieso schon. Dennoch wollte ich dem Trikot an jenem Tag im Frühsommer noch eine Chance gegeben, an dem ich zwei Minuten vor Spielende schreiend zusammenbrach. Beim Versuch, einen letzten Ball noch zu erlaufen, hatte ich meinen Muskel überspannt; manche Faser in der linken Wade riss, und zwei Wochen lang ging ich anschließend auf Krücken. Als Kollateralschaden stellte sich anschließend noch eine Thrombose ein, sodass ich während der Europameisterschaft Portugal im Stützstrumpf bereiste, der bis zur Leiste ging, und mich täglich fit spritzen musste.

Das Schicksal des verdammten Buckley-Trikots war damit beschlossen: Nach der Rückkehr würde ich es rituell verbrennen. Davon erzählte ich auch meinem Kollegen Peter, der inzwischen in Irland lebt. Er stammt aus Südafrika und weiß nicht nur, wer Buckley ist, er war sogar dereinst in dessen Transfer nach Bochum verwickelt. Im Laufe der Jahre war der Kontakt zwischen Buckley und ihm zwar abgerissen, aber sein Trikot wollte er trotzdem gerne haben, im Gegenzug würde er mir eines der Orlando Pirates zusenden. Also schickte ich ihm bald nach der Europameisterschaft das Päckchen, und im Trikot des Teams aus Soweto wollte ich den Bann brechen und endlich wieder Fußball spielen. (Dass ich es nicht tat, ist eine andere Geschichte.)

Im Grenzbereich

Bei Kim Il Assauer in Pyönkirchen

Die Partei, die Partei, die hat immer recht! Und seit es keine Partei mehr gibt, die immer recht hat, hat es nun der FC Schalke 04. Man konnte das gut erkennen, als sich der Westdeutsche Rundfunk ins nordkoreanische Staatsfernsehen verwandelte. Ununterbrochene zehn Stunden seines Programms stellte der Sender den Festivitäten anlässlich der Jubelfeiern zum 100. Geburtstag des FC Schalke 04 zur Verfügung. Gepriesen wurde die Weisheit des großen Führers Kim Il Assauer und unaufhörlich allen Helden der königsblauen Revolution gehuldigt. Zu den eindrucksvoll inszenierten Massenfeierlichkeiten waren sechzigtausend in die Große Halle des Volkes nach Pyönkirchen gekommen und sangen unter Anleitung von Gotthilf »Lee« Fischer gemeinsam Lieder zum Lob der Partei. Nach Ende der Party, für deren Abschluss chinesische Genossen ein Feuerwerk zu Verfügung gestellt hatten, wurden noch einmal an die Meilensteine der Bewegung erinnert und große Spiele wiederholt.

In Dortmund kam es zu spontanen Streiks gegen die Fernsehgebühren und Protestzapping auf andere Kanäle, die, statt Schalke zu zeigen, lieber live den Landeanflug einer Turbopropmaschine auf den Flughafen Bremen übertrugen (n-tv, N24) oder Menschen beim Verlassen dieses Flugzeugs der *Ostfriesischen Lufttransporte* in ihr Programm hoben (ARD, ZDF). Auf dem Rollfeld kam es zu spontanen Massenaufläufen von Gläubigen, weil die Priester der Werder-Kirche als Deutscher Meister aus dem Reich der Finsternis des Münchner Olympiastadions zurückkehrten. Auf Straßenkreuzungen der Hansestadt wurden grün-weiße »Gebetsteppiche« ausgelegt, war tags darauf in der Zeitung zu lesen.

Wer noch irgendwelche restlichen Zweifel daran hatte, dass Fußball das Vakuum gefüllt hat, das Religion und Politik hinterlassen haben, brauchte sich am drittletzten Spieltag der Saison 2003/2004 nur ein wenig durch die Fernsehkanäle zu schalten. Wäre das *Wort zum Sonntag* nicht vorproduziert gewesen, hätte der Seelsorger seine Botschaft wahrscheinlich im Fanschal des neuen Titelträgers vorgetragen. Politiker tun das bekanntlich schon lange.

Fußball hat aber nicht nur Religion und Politik ersetzt, sondern ist »eine Art von Kunst«, und das nicht etwa im metaphorischen Sinne. So jedenfalls argumentiert Wolfgang Welsch in der Zeitschrift *Kunstforum* und führt das raumgreifender und raffinierter aus, als es hier referiert werden kann. Dass er nicht allein über Fußball spricht, sondern insgesamt über Sport, tut nichts zur Sache. Denn sein interessantester Gedanke der Beschreibung von Sport als einer »Feier der Kontingenz« führt auch zum Fußball.

Kontingenz ist Zufälligkeit und Unvorhersehbarkeit (vulgo: man weiß vorher nicht, wie es ausgehen wird). Und der Autor schreibt: »Mir scheint Fußball deshalb so faszinierend zu sein, weil das Geschehen im höchsten Maße der Kontingenz ausgesetzt ist. Fußball inszeniert Kontingenz.« Das stimmt, obwohl die Arbeit von Spielern und Trainern auch ein ständiger Kampf gegen das nicht Vorhergesehene einer verrutschten Flanke oder eines abgefälschten Torschusses ist. Sei es in Pyönkirchen oder Bremen. Doch die Faszination des Publikums für Kontingenz gilt nicht nur dem einzelnen Spiel, sondern überraschen soll auch der Verlauf von Meisterschaften oder großen Turnieren.

Deshalb haben zuletzt auch fast alle Fußballfreunde in ihrem Herzen fürs grün-weiße Kirchlein aus Bremen eine Kerze angezündet, um so einen erneuten Titelgewinn des FC Bayern zu verhindern. Und vielleicht erklärt sich auf diese Weise auch, warum der königsblaue Poststalinismus so viele Menschen in den Bann schlägt. Denn so gleichgeschaltet das Fernsehen auch berichtete, geht bei Schalke 04 doch die Kontingenz in reinster Form in ihr zweites Jahrhundert. Bis heute ist jedenfalls nicht auszurechnen, was einen dort erwartet.

Mit dem Flammenwerfer

Ich wollte eigentlich nur Fußball gucken und war sogar bereit, Geld dafür zu bezahlen, doch heute kann ich über meine Unbedarftheit nur lachen. Naiv war ich in einen Elektromarkt gegangen und hatte dort *arena TV* abonniert, weil nun dort die Spiele der ersten und zweiten Bundesliga gezeigt wurden. Da ich in Nordrhein-Westfalen lebe, wo man den Umstieg nicht einfach über den ehemaligen Anbieter *Premiere* abwickeln kann, musste ich mir, so behauptete der Verkäufer, einen neuen Decoder kaufen. Für diesen erhielt ich eine Smartcard, wobei der Verkäufer ehrlich genug war, mir zu gestehen, dass es wahrscheinlich eine Woche dauern würde, bis diese Karte »freigeschaltet« sei und ich *arena* wirklich sehen könne. Warum dieser Vorgang nötig war und eine Gebühr von 29,90 Euro zu entrichten, konnte er mir nicht erklären.

Zu Hause schloss ich das neue Gerät an, als mir einfiel, dass ein Bekannter seit kurzem bei *arena* seiner Arbeit nachging. Ich rief ihn an, um mit seiner Hilfe die Freischaltung eventuell zu beschleunigen. Er sagte, dass er helfen könne, aber die Freitagsspiele würde ich noch nicht sehen können. Mit den Samstags- und Sonntagsspielen verhielt es sich jedoch nicht anders, erst nach dem Fußballwochenende war ich freigeschaltet.

Dann wollte ich einen Film auf *Premiere* sehen und schob deren Smartcard in den neuen Decoder. Das würde funktionieren, hatte mir der Verkäufer gesagt. Das wird niemals funktionieren, erklärte mir eine Stimme aus dem

Callcenter von *Premiere*, und ich lauschte einem Kurzvortrag über Verschlüsselungstechnik. Nach einigem Hin und Her fanden wir heraus, dass beide Smartcards aber durchaus auf meinem alten Decoder von *Premiere* funktionieren würden, ich müsste dazu aber meine *arena*-Karte umtauschen.

Also ging ich wieder zum Elektromarkt, um den Decoder zurückzugeben und die Karte umzutauschen. Dort hieß es jedoch, das sei nicht möglich, weil der Markt nur eine Art Ausgabestelle sei. Ich müsse das bei der Kabelfirma machen. Diese hat glücklicherweise ihren Hauptsitz in meinem Wohnort und dort auch ein Servicecenter, in dem mir ein Kundenberater erklärte, dass sie den Decoder nicht zurücknehmen würden, sondern ich die Transaktion im Elektromarkt tätigen müsse, auch wenn sie dort keine Lust dazu hätten. Im Zweifelsfalle solle ich mir den Vorgesetzten geben lassen. Der Berater der Kabelfirma war sehr groß und vermittelte mir, verstärkt durch einen amerikanischen Akzent, dass ich mich einfach nicht richtig mit dem Thema beschäftigt hätte. Vielleicht hatte er recht.

Ich fuhr erneut zum Elektromarkt und wartete zwanzig Minuten, bis ein Ehepaar vor mir *arena*-Abonnent geworden war. Sie mussten so viele Papiere unterzeichnen, dass es vielleicht auch ein Nahost-Friedensvertrag war. Dann war ich an der Reihe, und es dauerte weitere zwanzig Minuten, bis der Kollege aufgetrieben war, der die Rückabwicklung machen konnte. Während ich auf ihn wartete, kam mir der Gedanke, dass der Fußballgott mich prüfen wollte, wie groß mein Wunsch nach Fußball wirklich ist. Ich unterdrückte derweil Gewaltphantasien, in denen das befreiende Rattern von Maschinengewehren und das Fauchen von Flammenwerfern eine Rolle spielten.

Der Rückabwickler kannte sich wirklich gut aus und nahm auch den Decoder zurück, erläuterte aber glaubwürdig, dass er die *arena*-Karte nicht umtauschen könne. Dafür müsse ich noch einmal zum Kabelbetreiber. Auf der Fahrt dahin kam mir in den Sinn, dass das Wort »kafkaesk« aus der Mode gekommen ist. Warum eigentlich? Der Kundenberater begrüßte mich mit strengem Blick. Er fand es nicht erstaunlich, dass ich wieder da war. Mein leiser Hinweis, er hätte mir doch schon am Vortag die richtige Karte geben können, prallte an ihm ab. Offensichtlich sah er sich als mein Lehrer, der mich auf die harte Tour zum Pay-TV-Abitur führen würde. Dann fragte er, wo mein Decoder sei. Ich war erschrocken, denn ich hatte ihn nicht dabei. Er sagte mit leicht vorgestülpter Lippe, dass er nur mal so gefragt hätte. Man müsse am Decoder das Format umstellen und er hätte das gemacht, aber gut, ich könne es auch selbst versuchen.

Zu Hause gelang mir das schon nach gut einer Stunde. Ich schaltete Decoder und Fernseher anschließend aus, menschlich gereift.

Was schön ist

Ein wenig verblüfft war ich schon, als nach dem torlosen Remis in einem Bundesligaspiel die Meinungen so weit auseinandergingen, dass ich ein hochkonzentriertes, taktisch großartiges Spiel zu sehen geglaubt hatte, aber die Berichte im Fernsehen und die Kommentare in den Zeitungen von Schalheit und Langeweile sprachen. Hatte ich so danebengelegen, oder hatten es die Kollegen? Hatte ich mich verlaufen? Oder hatten sie die Textur dieser Partie nicht zu lesen vermocht? Oder, um es auf eine etwas schwierigere Frage zu bringen: Liest man in einem Fußballspiel nicht zuvorderst das, was sich einem vorher schon eingeschrieben hat?

Dass es wohl so ist, dazu lieferte der französische Ethnologe Christian Bromberger bereits vor gut 15 Jahren einen interessanten Beleg. Er untersuchte damals, welche Spieler bei Olympique Marseille von welchen Teilen des Publikums besonders geschätzt wurden. Das Idol der Fankurve war der spektakuläre kamerunische Torwart Joseph Antoine Bell, besondere Wertschätzung der Haupttribüne genoss der einfallsreiche Mittelfeldlenker Alain Giresse, während sich das Publikum auf der Gegentribüne mehrheitlich auf den nüchtern sachlichen Mannschaftskapitän Jacky Bonnevay als seinen Liebling verständigte.

Die unterschiedlichen Vorlieben waren laut Bromberger relativ deutlich bestimmten Milieus im Stadion zuzuordnen. Jede dieser Gruppen identifizierte sich mit einem

Spieler, der einen Stil personifizierte, der mit ihrem Lebensentwurf in direkten Zusammenhang zu setzen war. Für die kleinen Handwerker und Selbständigen auf der Gegentribüne war es der fleißige und ernsthafte Bonnevay, für die Unternehmer oder Geschäftsleute der Mittel- und Oberschicht war es der kreative Anführer Giresse, und die jungen, proletarischen Fans in der Kurve sahen in Bells Kapriolen ihre Sehnsüchte nach Wildheit und Chuzpe erfüllt.

Da jeder dieser Spieler nicht nur einen persönlichen Stil repräsentierte, sondern auch einen Fußballstil, kann man diese Vorlieben für eine bestimmte Spielweise problemlos auch auf das Spiel insgesamt übertragen. Das kennen wir schon lange sowohl als regionale wie auch internationale Zuordnungen, nach der etwa in Schottland, dem Ruhrgebiet oder Rotterdam vor allem gekämpft werden muss, während in Amsterdam, im Süden Deutschlands oder in Spanien eher gepflegter Fußball goutiert wird. Das wiederum hat mit der sozialen Zusammensetzung des Publikums und mit fußballerischen Traditionen zu tun. Nie werde ich etwa das Publikum bei einem Fußballspiel in der senegalesischen Hauptstadt Dakar vergessen, das einen Fallrückzieher an der Mittellinie enthusiastisch feierte, der nach unseren Vorstellungen grober Unsinn war.

Bei besagtem Bundesligaspiel war ich der Logik auf dem Rasen gefolgt, die eine der Defensive war. Aus meiner Sicht hatten die Teams sehr gelungen nach italienischem Vorbild die Kunst des Verteidigens zelebriert. Man konnte jedoch genauso beklagen, dass es wenig Torchancen, kein Tor und mithin keinen Sieger gegeben hatte. Man kann überhaupt fordern, dass Fußball ein actiongeladenes Spektakel ist, ein Fest der Körper und keines der Kalkulation und Konzentration, das gemeinhin »Rasenschach« genannt wird, weil es dabei um eine bestimmte Form des Denkens geht. Fußball lässt beide Wege offen, und welchen man bevorzugt, hat mehr mit einem selber zu tun als mit einer Wahrheit, wie das Spiel zu lesen ist.

Ich lasse mich jedoch bei all diesen Relativierungen nicht davon abbringen, dass je kühler der Kopf, es umso wahrscheinlicher ist, im Spitzenfußball erfolgreich zu sein. Mit wilder Hingabe allein ist alles schneller vorbei – ob einem das gefällt oder nicht.

Fußballgottesbeweis

Viele hundert Jahre lang haben sich Größen des abendländischen Denkens um einen Beweis für die Existenz Gottes bemüht. Aristoteles, Thomas von Aquin oder Anselm von Canterbury versuchten Gottesbeweise zu führen, wie sie in unseren vermeintlich gottlosen Zeiten weitgehend aus der Mode gekommen sind. Allein im Fußball ist noch unbestritten, dass sich eine höhere Macht der Dinge annimmt. Niemand, der diesem Spiel über längere Zeit folgt, würde ihre Existenz ernsthaft in Frage stellen. Es mag Götter auf dem Platz geben (Maradona, Pelé, »Zico« Bindewald), dem chaotischen Durcheinander auf dem Rasen eine Ordnung zu geben ist hingegen allein dem Fußballgott vorbehalten.

Er sorgt dafür, dass jeder in der Welt des Fußballs seinen Platz und sein Schicksal findet. Ob es gerecht ist, sei dahingestellt, denn der Fußballgott ist doppelgesichtig und schwankend in seiner Gunst. Mal zeigt er sich als freundlicher älterer Herr mit langem weißen Bart, der mit gütigem Blick harmlose Fernschüsse abfälschen und ins gegnerische Tor kullern lässt. Der Niederlagen in Siege zu verwandeln versteht und den Weg zu ungeahnten Triumphen ebnet. Der Fußballgott kann aber auch seine finstere Fratze offenbaren und mit glühenden Augen harmlose Fernschüsse abfälschen und ins eigene Tor kullern lassen. Mit blutiger Pranke raubt er dann in letzter Minute Siege und bringt ungeahnte Leiden auf den Weg.

Wer's nicht glaubt, hätte in Bochum nachfragen können, als dort die Existenz des Fußballgottes deutlich wie selten spürbar war. Gerade noch hatte der Club sein erfolgreichstes Jahr überhaupt feiern dürfen, weil der gütige Fußballgott seine schützende Hand über den Club gehalten hatte. Spiele wurden gewonnen, die man nicht ernsthaft gewinnen musste, und am letzten Tag der Saison nahm die höhere Macht dem großen, dummen Nachbarn aus Dortmund noch den Platz im Uefa-Cup weg und gab ihn dem VfL Bochum. Zum ersten Mal seit sieben Jahren war der Club wieder international dabei, doch schon bald war plötzlich alles vorbei. In der zweiten Minute der Nachspielzeit des Rückspiels der ersten Runde im Uefa-Cup ließ der böse Fußballgott einen jungen Brasilianer namens Edu ein Luftloch treten, der Gegner schoss ein Tor, und der VfL Bochum schied auf grausamste Art und Weise aus.

Der Fußballgott gibt's, der Fußballgott nimmt's, den Bochumern am Ende sogar den Platz in der Bundesliga. Aber es wird auch wieder der Tag kommen, wo er sich anderswo abwendet und seine Gunst wieder den Blau-Weißen schenkt. Fragt sich nur, wie lange das dauert.

Allianz der Ausbeiner

Kurz nach Beginn des neuen Jahrtausends bekamen wir das seltsame Gefühl, das Ballyhoo vor den Spitzenspielen zwischen dem FC Bayern und Schalke 04 würde immer mauer ausfallen. Uns beschlich sogar der Eindruck, dass die Pfeile, die zwischen dem Rekordmeister und seinem Herausforderer hin- und herflogen, vorne anstatt mit messerscharfen Spitzen nur mit Saugnäpfen bestückt waren. Doch das Rätseln darüber hatte ein Ende, als Schalke vor dem Gipfeltreffen gegen die Bayern im Frühjahr 2004 eine so wunderliche wie erhellende Pressemitteilung verbreitete.

Dort wurde ausdrücklich darauf hingewiesen, dass die Führung beider Clubs fest im Fleische vereint ist. Bekanntlich führt Bayern-Manager Uli Hoeneß seit vielen Jahren erfolgreich eine Wurstfabrik und Schalkes Aufsichtsrats-Vorsitzender Clemens Tönnies ein Unternehmen, das er »Fleischwerk« nennt und das sich der Schlachtung, Zerteilung und Vermarktung von Rindern und Schweinen annimmt. Er ist zudem der Bruder des vor über zehn Jahren tragisch verstorbenen Schalke-Präsidenten Bernd Tönnies, der in die Vereinsgeschichte als »Kotelettkönig« eingegangen ist.

Hoeneß und Tönnies haben sich als Geschäftsführer bzw. zweiter Vorsitzender eines gemeinnützigen Vereins mit dem hinreißenden Namen »Fleisch zur Freude der Kinder« zusammengefunden, in dem es nicht etwa um mehr Fleischwurst mit Clownsgesichtern, sondern die gute Sache geht.

Als Vorsitzender des Clubs fungiert ein gewisser Wilhelm Leuze. Dieser steht zugleich dem Verein »Fleisch und Freude« vor, der im September 2003 in Rheda-Wiedenbrück die erste deutsche Meisterschaft im Ausbeinen veranstaltete. 240 Metzger wetzten damals die Messer und zerlegten unter dem Jubel eines fleischfreudigen Publikums Schweine für den guten Zweck um die Wette. Gefeiert wurde schon am Abend zuvor, dass die Schwarte krachte, und in Ostwestfalen kamen so insgesamt 50.000 Euro zusammen. Genau der Betrag also, der dem deutsch-rumänische Verein »Kinderreigen – Hora Copiilor« überreicht wurde. »Dieser hat es sich zum Ziel gesetzt«, so heißt es in der Pressemitteilung, »Kinder aus dem Massenbetrieb großer Waisenhäuser herauszuholen.« Womit uns nicht nur ein Blick in die großen Herzen unserer fleischeslustigsten Fußballfunktionäre erlaubt wurde, sondern zugleich einer auf den seltsamen Zusammenhang von Ausbeinen und Massenkinderhaltung.

Die beste Angst

Der Mensch kennt eine Fülle von Ängsten, von denen nicht alle so leicht nachvollziehbar sind wie die Pogonophobie, die Angst vor Bärten. Manch einen treibt die Aulophobie um, die Angst vor Flöten. Andere schaudert es vor schönen Frauen, sie leiden unter einer Venustraphobie; und eine Angst für beide Geschlechter ist die Ithyphallophobie, die Angst, eine Erektion zu sehen, daran zu denken oder zu haben. Und je mehr man über Ängste weiß, desto größer ist die Gefahr, an einer Phobophobie zu erkranken, der Angst vor Ängsten.

In der Bundesliga droht den Spielern eine neue Angst von unerwarteter Seite, die, bis sie von der Wissenschaft genau untersucht und mit einem lateinischen Begriff belegt ist, behelfsmäßig Coverphobie genannt werden soll. Mag diese Angst in der Vergangenheit schon vereinzelt aufgetaucht sein, musste man im Herbst 2004 plötzlich von einer Trendangst sprechen. Vor allem im Westen der Republik holen sich die Macher von Stadionzeitungen daher häufiger mal Abfuhren bei den Spielern ihrer Clubs. »Nee, lass mal« oder »Kann das nicht wer anders machen« dürften sie bei Fragen nach Interviews oder Fototerminen für größere Geschichten von Kickern gehört haben, denen schon der Angstschweiß auf der Stirn stand.

Diese Angst vor Titelgeschichten ist nur zu verständlich. Youssef Mokhtari etwa wurde auf dem *Geißbock-Echo* mit der Schlagzeile »Ein Tor im Visier« angekündigt und vergab dann für den 1. FC Köln gegen Schalke eine so große Torchance, dass alle über »Der Tor im Visier« spotteten. Als Christian Poulsen gegen Werder Bremen Titelstar des *Schalker Kreisels* war, musste er aussetzen, weil er im Spiel zuvor die fünfte Gelbe Karte gesehen hatte. Youngster Gonzalo Castro wurde zum Spiel gegen den HSV erstmals auf dem Cover des *BayArena Magazins* annonciert und verlor kurz vor Schluss den entscheidenden Ball zum 0:1.

Doch all das ist nichts gegen Giovane Elber, der am Tag seiner Vertragsauflösung bei Borussia Mönchengladbach Aufmacher im *Fohlenecho* war. »Giovane Elber möchte der Borussia etwas zurückgeben«, hieß es da. Ja, seinen Vertrag, war der Witz des Tages im Borussia-Park. »Ich will hier endlich Fuß fassen«, sagte Elber auch noch. Dann nahm er beide Füße in die Hand und floh: klassischer Fall von Coverphobie.

Do-it-yourself-Voodoo

Wir mussten nicht einmal ins Stadion einbrechen, obwohl wir im Dienste der Kunst auch dazu bereit gewesen wären, wie unsere Reise mit Spaten und laminiertem Totem überhaupt in höherem Auftrag stattfand. Allerdings war er heikel, weshalb wir uns erst abends nach Herne zum Stadion am Schloss Strünkede aufgemacht hatten. Wir brauchten den Schutz der Dunkelheit, schließlich wollten wir den Anstoßpunkt umgraben.

Robert und ich trugen dazu jene braunen Jacken, die er zum Teil seines Kunstprojekts gemacht hatte. Es waren Jacken von der Sorte, wie amerikanische Lieferanten und Handwerker sie tragen. Seine waren mit geschwungenen Buchstaben verziert: »We Dig«. Das sollte heißen »Wir haben verstanden«, aber wörtlich übersetzt bedeutete es zugleich: »Wir graben!« Außerdem stand auf dem Rücken »Kalaman Int.« und »No Job Too Small«. Robert hatte die Jacke in New York zufällig gefunden, und weil sein Künstlername Kalaman ist, den er wiederum vom Klingelschild seines ersten Ateliers in Köln übernommen hatte, bestand eine besondere Beziehung zwischen dem Kleidungsstück und ihm.

Irgendwie war er über die gefundene Jacke auf die Idee gekommen, gemeinsam mit jenen zu graben, die etwas ein-, aus- oder zu verbuddeln hatten. We Dig, im Wortsinne also – oder in welchem auch immer. Kalaman wollte das dokumentieren, und als einen Ausweis der gemeinsamen Grabungsarbeit gab es besagte braune

Jacken. Er hatte einige davon in den USA bestellt, vorne rechts stand jeweils der Name des Mitgräbers.

So waren wir nach Herne gekommen und betraten voller Kunstwillen das nicht abgeschlossene Stadion des einst ruhmreichen SC Westfalia, der zu jenen Tagen jedoch nur in der sechstklassigen Landesliga Westfalen Gruppe 3 spielte. Kalaman, selbst ein guter Fußballspieler und Fan des 1. FC Köln, bestaunte das immer noch eindrucksvolle Stadion, in dem der Club meiner Heimatstadt in den fünfziger Jahre des letzten Jahrhunderts noch Endrundenspiele um die Deutsche Meisterschaft absolviert hatte. Ich selbst hatte dort miterlebt, wie Westfalia Mitte der Siebziger noch einmal in die damalige zweite Liga Nord aufgestiegen war und dort Borussia Dortmund vor fast dreißigtausend Zuschauern mit 2:1 besiegte. Dann verließen den Club die Kräfte, vor allem landete der Mäzen im Gefängnis, und ein langer Abstieg vollzog sich.

Im Mittelkreis begann ich vorsichtig den Anstoßpunkt auszustechen, während Kalaman meine Grabung fotografierte. Eine Handbreit tief ging ich und legte das Erdstück zur Seite, um die Erde darunter noch weiter aufzulockern und das Mitgebrachte im Erdreich zu versenken. Es war ein Foto des ehemaligen Herner Torschützenkönigs Jochen Abel, behängt mit einem Siegerkranz, als gerade der Aufstieg in die zweite Liga geschafft war, sowie eine Eintrittskarte zu einem Zweitligaspiel von Westfalia. Kalaman hatte beides zusammen eingeschweißt, und fortan sollten die Erinnerungsstücke vom Anstoßpunkt ihre gute Wirkung tun. Zur Bekräftigung der selbstgemachten Magie hüpften wir den Anstoßpunkt ein wenig tribalistisch wieder fest, wären damit aber bei wohl keiner Naturreligion aufgenommen worden.

Überhaupt entfaltete unser Do-it-yourself-Voodoo seine Wirkung zunächst nur zäh. Am Sonntag nach unserer Grabung schauten wir uns den Landesliga-Rückrundenstart der Saison 1997/98 an, den Kalaman per Video dokumentierte. Leider war er vor allem schmerzhaft langweilig, Westfalia schaffte gegen den VfL Schwerte nur ein Unentschieden. Der Aufstieg gelang am Ende der Spielzeit dann aber doch, im folgenden Sommer schaffte es Westfalia sogar in die Oberliga, und ich sah mich schon als Hohepriester eines neuen Kults. Dann schien das magische Potenzial aber erschöpft, denn Westfalia stieg mal ab und mal auf, sodass ich froh sein muss, dass wenigstens die Kunst geblieben ist.

Hekatomben von Schnipseln

Im Frühjahr vor zwei Weltmeisterschaften, jener in Frankreich 1998, durfte ich nach Mainz fahren. Das an sich klingt nicht so wahnsinnig aufregend, doch ich war auf der Fahrt dorthin reichlich nervös. Immerhin war ich zum Interview bei einem Mann angekündigt, der nicht nur zurückgezogen lebte und sich äußerst selten befragen ließ. Überdies bewunderte ich seine Arbeit schon damals. Ich besaß sogar eine seiner Arbeiten, bei der es um jene heute sehr gesuchte als Ball gestaltete Langspielplatte aus Vinyl in durchsichtigem Cover handelte, auf die zwei Radiosendungen gepresst waren, die ich mir häufig mit großem Vergnügen angehört hatte.

Ror Wolf wohnte damals über der Kupferberg-Sektkellerei, was mir ein exzentrischer Ort zu sein schien, der aber mit einer schönen Aussicht über die Stadt gesegnet war. Er begrüßte mich mit derart sanftmütiger Freundlichkeit, dass meine Aufregung sogleich verflog. Bereitwillig sprach Wolf darüber, wie er zwischen 1967 und 1979 fast alle Fußballsendungen im Hessischen Rundfunk auf Tonbänder aufgezeichnet und das Material anschließend in Themengruppen zergliedert hatte, seien es Torschüsse oder Wetterberichte, Versprecher oder missglückte Schaltungen in Stadien. Und wie er über den Umgang mit Hekatomben von Schnipseln sprach, entstand das Bild eines besessenen Sammlers der Töne, der sie in tausenden Stunden strukturiert und transkribiert, vorgeschnitten und umkopiert hatte. »Rückblickend verstehe ich mich selbst nicht«, sagte Wolf.

Doch er beschränkte sich nicht auf diese Fischzüge durch den Radiokosmos, sondern zog wie ein Ethnologe in Fankneipen oder machte Field-Recordings am Riederwald in Frankfurt, wo er das Gerede der Kiebitze am Trainingsplatz der Eintracht aufzeichnete. In die zehn Fußballhörspiele, die auf diese Weise entstanden, arbeitete er teilweise noch selbstgeschriebene Fußballtexte ein und schritt dabei verschiedene Bereiche des Spiels ab. Er widmete sich den Schiedsrichtern (»Merkwürdige Entscheidungen«), der Sentimentalität von Fans (»Die alten Zeiten sind vorbei«) oder komischen Radiopannen (»Schwierigkeiten beim Umschalten«). Das war auf verblüffende Weise erhellend, wenn man etwa hörte, dass die Weltmeisterschaft 1974 eine der Blasmusik war, und manchmal war es einfach nur sehr komisch. Wolf hat seine Hörstücke auch in Büchern veröffentlicht, doch eigentlich muss man sie hören. Die von Jürgen Roth liebevoll editierten »Gesammelten Fußballhörspiele« in einer Box mit vier CDs wurden zu Recht »Hörbuch des Jahres 2006«.

Der 1932 geborene Wolf ist übrigens ein später Fußballfan, der sich erst mit Anfang dreißig für das Spiel zu interessieren begann, als ihm die Fußballreportagen im Radio zur Nabelschnur in die Heimat wurden, während er in St. Gallen in der Schweiz lebte. Man kann ihn für seine literarische Arbeit nur loben und für sein musikalisches Gespür, Hörstücke zum Fließen zu bringen, aber Wolf ist auch ein guter Fußballfan, weil er sich nie über das Spiel erhoben hat. Er ist einer der wenigen literarischen Autoren, die sich mit Fußball beschäftigt haben, deren Leidenschaft für das Spiel jenen heiligen Ernst auszeichnet, der auch das Leichte und Komische erst möglich macht.

Als der Hessische Rundfunk im Laufe des Frühjahrs 1979 Wolfs letzte Reihe Fußballhörspiele ursendete, war darunter auch sein 14 Minuten und 56 Sekunden langes Meisterwerk »Der Ball ist rund«. Ror Wolf kam zu dem Schluss, »es kann von mir nicht überboten werden«, wie er mir damals erzählte, und beendete nach zwölf Jahren die Arbeit an diesem Stoff. Fast drei Jahrzehnte später hat er gemeinsam mit dem Herausgeber der CD-Box aus vielem lange liegengebliebenen Material »Das langsame Erschlaffen der Kräfte« angefügt, doch selbst in diesem Erschlaffen ist die eigentümliche Kraft noch zu spüren.

Vom Ball aufgezeichnet

»Those were the days my friend« singe ich im Karneval durchaus mit und beschwöre anschließend auch gern eine imaginäre »superjeile Zick« von früher, von der ich allerdings nicht weiß, wann sie eigentlich gewesen ist. Mir fehlt bei aller Neigung zu Sentiment und rührseligem Kitsch nämlich ein Gen (oder vielleicht ist auch in der Erziehung etwas falsch gelaufen), das mich nostalgisch werden lässt. Vielmehr gehe ich grundsätzlich davon aus, dass früher alles schlechter war. Und sei es nur aus vorauseilendem Trotz gegenüber jenen, die damit nerven, dass früher alles besser war.

Nick Hornby hingegen versucht auf selten kunstvolle Art und Weise, vergangene Zeiten in die Gegenwart zu überführen. Der Schriftsteller hat nämlich eine Band gefunden, die zwar im weitesten Sinne jung und von heute ist, aber alle Ideen des Schriftstellers von einem guten Rock-'n'-Roll-Gestern verkörperte. Erwartungsgemäß machte mir Marah, wie die Band aus Philadelphia heißt, keinen großen Spaß, um es freundlich zu formulieren. Faszinierend hingegen war es bei ihrem Konzert aber, wie Hornby in Form von Prosa & Rock seine Erinnerungen an Musik mit dem kurzschloss, was die Band neben ihm auf der Bühne dann spielte.

Hornby lieferte auch einen erneuten Beleg dafür, dass in Musik Erinnerungen aufzeichnet werden. Wenn der Autor heute The Faces hört, erinnert er sich an eine miserable 15-jährige Ausgabe von Nick Hornby, die damals betrunkener zu sein vorgab, als das Geld gereicht hatte. (Man kann selbstverständlich auch heitere Dinge aufzeichnen, Musik ist nicht wählerisch.) An diesem Abend erschien Hornby als der Nostalgiker, der er in Sachen Fußball nicht ist. Inzwischen hasst er nämlich nicht mehr vor allem den alten Nordlondoner Rivalen Tottenham Hotspur, sondern Manchester United und Chelsea. Bei Arsenal geht es schließlich nicht mehr um die Vorherrschaft im Stadtviertel, sondern im ganzen Land.

Überhaupt ist Fußballnostalgie weit weniger verbreitet als Musiknostalgie. Es gibt genug Menschen, die wahlweise in den Rolling Stones, The Clash oder Nirvana den Höhepunkt der Popgeschichte erreicht sehen, während niemand ernsthaft behaupten würde, dass Bayern München 1973, Argentinien 1982 oder der FC Porto 2004 irgendwelche Endpunkte irgendwelcher Entwicklungen im Fußball markieren. Selbst der Netzerismus und das Lobpreisen des deutschen Europameisters von '72 haben sich im Laufe der Jahre als Modelle nicht durchgesetzt. Vielleicht liegt's auch daran, dass beim Fußball die Zyklen von Aufstieg und Verfall schon durch die wechselnden Tabellenstände beschrieben werden.

So recht hat sich fußballimmanente Nostalgie jedenfalls nicht durchsetzen können. Wer will schon hören, dass Fußball in den fünfziger oder achtziger Jahren besser war? Die Realzeitlupen aus jener Zeit widersprechen dem sofort, und dann hört man einem Fußballgott aus den Siebzigern zu und schlägt die Hände überm Kopf zusammen, weil er das Spiel von heute immer noch mit dem Blick von damals anschaut. Man könnte sich auch kein fußballerisches Äquivalent zur Musikzeitschrift *Mojo* vorstellen, in der etwa noch einmal die aufregende Saison 1966/67 aufbereitet wird. Oder doch?

Fußball ist vor allem jetzig, und vergangene Spiele speichern die Erinnerungen im geringeren Maße, als Musik das tut. Die Vorstellung ist völlig absurd, die Aufzeichnung einer Sportschau-Sendung vom 14. Spieltag der Saison 1976/77 anzuschauen und zu erwarten, wie angesichts der Spielszenen von Bochum gegen Bayern wieder aufscheint, wie sehr man damals in Gabi, Susi oder Ute verliebt war und welch schweren Herzens man ins Stadion gegangen war. Kaum legt man aber die richtige Schallplatte auf, kann man das wieder abrufen. Muss man aber nicht, es gibt schließlich immer etwas, das man noch nicht gehört hat.

Gesetz zur WM-Notwehr

Ein halbes Jahr vor Beginn der WM 2006 bekam ich Post von jenem tollen Matratzenladen, bei dem ich nach einem ausgiebigen Prozess von Versuch und Irrtum eine Matratze ausgesucht habe, die mich noch heute jeden Abend froh macht. Mehrfach brachte im Rahmen meiner Suche ein freundlicher Mitarbeiter unterschiedliche Lattenroste und Matratzen ins Haus, damit ich sie testweise beschlafen konnte. Im Rahmen der damit verbundenen An- und Abtransporte kamen wir auch ein wenig über Fußball ins Gespräch, denn der Schlafspezialist war Fan von Borussia Dortmund. Wogegen so weit nichts einzuwenden war, bis zu eben jenem Brief, der mich (nicht persönlich, sondern als Mitglied der Adressliste) zu einer Präsentation »hochwertiger Schlafmöbel« einlud.

»Die Vorfreude auf die Fußball-Weltmeisterschaft hat auch uns erfasst«, war drohend schon im ersten Satz zu lesen, und anschließend wurde erklärt, was mich bei der Einladung erwarten würde. »Das taktische Gesamtkonzept wird von den Firmen XY gestaltet«, hieß es. »Das Mittelfeld präsentiert sich mit zwei Ausnahmetalenten: YX als Spezialist für Kulinarische Flanken und XY mit seinem humoristischen Blick auf die schönste Nebensache der Welt. Der Anpfiff erfolgt um ...«

Als ich zu Ende gelesen hatte, sackte ich innerlich kurz zusammen, denn manchmal bedarf es nur einer Kleinigkeit zu viel, dann bäumte es sich in mir auf: SCHLUSS!

DAS HÄLT DOCH KEIN MENSCH AUS! NOCH FAST EIN HALBES JAHR BIS ZUR WM UND ALLE DREHEN DURCH! SOGAR MATRATZENLÄDEN!

Weil ich (zu Recht) befürchtete, das sei erst der Anfang und alles käme noch viel schlimmer, verfasste ich eilig ein strenges Regelwerk:

§1 Jeder öffentliche Ausdruck von Vorfreude auf die WM ist streng untersagt, gestattet sind nur noch persönliche Freudenkundgebungen. Beispiel: »Toll, ich habe eine Karte für Iran gegen Ukraine in Leipzig.«

§2 Bis zum 10. Juli, dem Tag nach dem WM-Finale, ist jede Fußballmetaphorik verboten. So haben Veranstaltungen ab sofort wieder eine »Anfangszeit« und nicht etwa eine »Anstoßzeit«. Eine Veranstaltung ist »Beginn« einer Reihe und nicht »Anpfiff zu« einer Reihe. Niemand »tappt in die Abseitsfalle«, und sei er auch noch so dumm, wenn er das nicht in einem Trikot auf einem Fußballplatz tut. Wer »kulinarische Flanken« schlägt, wird auf Diät gesetzt, und beim »Dribbling durch die Kulturgeschichte« wird man fies umgegrätscht.

§2a Streng verboten sind auch Kombinationen mit »Kick it like …« (Bisheriger Schlimmstfall: Kick it like Merkel)

§3 Den Vertretern jedweder Branchen sind alle Argumentationen untersagt, nach denen sich der Umsatz ihrer Produkte (seien es Couchtische, Erfrischungsgetränke, Intimlotionen oder andere) durch die Weltmeisterschaft positiv entwickeln werden. Sonst wird nämlich das Gegenteil passieren, doch dazu später mehr.

§4 Allen Politikern und sonstigen Vertretern des so genannten öffentlichen Lebens ist es verboten, die politische, wirtschaftliche, soziale oder kulturelle Bedeutung der Weltmeisterschaft für die Bundesrepublik, einzelne Bundesländer, Kreise, Städte, Sprengel, Vororte oder gar »Regionen« herauszustellen.

§5 Mit dem Attribut »angebliche« werden alle Wirtschaftsexperten versehen, die den wirtschaftlichen Wert der WM zu bemessen versuchen.

§6 Eiskalte Verachtung ist für jene Politiker reserviert, die im Rahmen der WM tote Pferde satteln und ins Rennen zu schicken versuchen. Beispiel: Bewachung der WM durchs Militär.

§7 Lustig ist auch verboten! Wie etwa die Drehscheibe aus Pappe des Suhrkamp Verlages, auf dessen Vorderseite WM-Torschützenkönige einzustellen und auf der Rückseite die Kalorien verschiedener Gemüse abzulesen sind. DAS IST NÄMLICH NICHT LUSTIG!

Insgesamt sollten diese Regeln der Volksgesundheit und dem Schutz vor WM-Wahnsinn dienen. Sollten sie nicht befolgt werden, wollte ich gegen alle Produzenten und Dienstleister die Waffe des Boykotts in Anschlag bringen. Schließlich befanden wir uns bereits in einer Notwehrsituation. Ich brauche wohl nicht zu erwähnen, dass meine Anweisungen komplett überhört wurden.

Hingabe und Tod

Im Januar 1990 saß ich in Liverpool im Wohnzimmer von Rogan Taylor und musste warten. Ich war gekommen, um über die von ihm mitgegründete Football Supporters Association zu reden, als es an der Tür klingelte und ein massiger Mann mittleren Alters hereinkam. Taylor führte ihn in die Küche, und ich saß anschließend lange allein im Wohnzimmer, denn nebenan ging es um Sterben im Stadion. Taylors Gast hatte ein halbes Jahr zuvor seine Tochter im Stadion Hillsborough in Sheffield verloren, als sie mit Hunderten Anhängern des FC Liverpool in einem schon überfüllten Sektor des Stadions zusammengepfercht worden war. Vorne verstellten Zäune den Fluchtweg zum Spielfeld, hinten drängten immer mehr Leute nach, 96 Menschen starben. Das älteste Opfer war 67 Jahre alt, das jüngste 10 Jahre.

Die Football Supporters Association (FSA) hatten Taylor und einige seiner Freunde bereits fünf Jahre zuvor gegründet. Im Heysel-Stadion in Brüssel hatten Anhänger des FC Liverpool vor dem Endspiel im Europapokal der Landesmeister 1985 Fans von Juventus Turin im benachbarten Block angegriffen. 39 Menschen waren dort bei der anschließenden Panik zu Tode gekommen. Die FSA sagte, dass es nicht so weitergehen könne. Taylor war der Ansicht, die marodierenden Horden seien auch ein Ausdruck der Entfremdung zwischen dem Fußball und seinen Fans. Die Gewalt sei eine Reaktion darauf, dass man die Anhänger in der Kurve wie Vieh behandeln würde.

Dabei wären es doch die Fans, die den Fußball mit ihrer Liebe und Begeisterung tragen würden.

Taylor hatte offensichtlich genau die Worte gefunden, die Tausende in England hatten hören wollen und die daraufhin Mitglieder der neuen Organisation wurden. Sie wollten endlich eine Mitsprache im Fußball haben, ihr Slogan hieß: »Reclaim the game!« Holt euch das Spiel zurück!

Taylor atmete tief durch, als er ins Wohnzimmer zurückkehrte. Es war schwer, mit einem Mann zu reden, der sein Kind verloren hatte. Taylor unterstützte den Hillsborough Disaster Fund, der auch darum kämpfte, die Toten zu rehabilitieren. Die Polizei hatte ihre Organisationsfehler auf die Fans abwälzen wollen. Die englische Boulevardzeitung *Sun* hatte sogar berichtet, dass andere Fans aus Liverpool die Toten bestohlen hatten. Wer in der Kurve stand, galt per se als Gewalttäter und wurde entsprechend behandelt.

Die Selbstorganisation der Fans in England und ihre Beschwerden trafen auch in Deutschland einen Nerv. Hierzulande wollten sich ebenfalls Fans das Spiel zurückholen, ob von Nazis oder von Geschäftemachern, für die Fußball nur eine Plattform ihrer kommerziellen Interessen war. Deshalb wurden in den neunziger Jahren Fanzines gegründet und Fanläden eröffnet, es gab regionale Initiativen und bundesweite Aktionen. Auch sie haben dazu beigetragen, dass Fußballstadien angenehmere Orte geworden sind, als sie es damals waren. Doch fast unbemerkt hat sich seither ein seltsamer Wettbewerb etabliert. Immer neue Generationen im Stadion reklamieren das Spiel für sich und konkurrieren darum, wer gerade die Sachwalter des wahren Fantums sind.

Gemessen wird, wie viel Opfer man für den Fußball

bringen will. Wer mehr Spiele seiner Mannschaft gesehen hat und dazu mehr Kilometer gefahren ist, der liebt angeblich auch mehr. Wer mehr Stunden seiner Freizeit damit verbringt, Aktionen im Stadion vorzubereiten, ist ein größerer Fan.

Fast zwei Jahrzehnte nach den Toten von Hillsborough ist von der Forderung, das Spiel zurückzuholen, vor allem die Rhetorik der Hingabe geblieben und vielleicht auch ein Generationskonflikt. Niemand ist so viel Fan wie wir, sagen die jungen Wilden im Stadion, die sich heutzutage meist unter dem Fähnlein der Ultras sammeln. Ihr Slogan heißt: »Gegen den modernen Fußball«. In einer der seltsamen Wendungen von Geschichte ist es aber auch der, den Rogan Taylor zurückholen wollte und für den in Hillsborough und anderswo Fans gestorben sind.

Auf der Pressetribüne

Als Günter Netzer mich einmal ganz toll fand

»It always rains in Wuppertal«, hat Der Plan vor vielen Jahren gesungen. Das mag etwas übertrieben sein, aber im Tal entlang der Wupper regnet es wirklich ganz schön viel, und das tat es auch bei drei seltsamen Besuchen, die ich im Nordosten der Stadt in einem Golfhotel machte, in dem oft Fußballmannschaften abstiegen. Bei meinem zweiten Mal hatte sich dort der VfL Bochum einquartiert, und der Präsident des Clubs lud mich zu einem Hintergrundgespräch ein, das sich aus heiterem Himmel zu einer Art Erzählung des Lebens auswuchs, die zu persönlich wurde, um sie noch aufschreiben zu können.

Beim dritten Ausflug wollte ich mit Thomas Doll sprechen, der damals noch bei Lazio Rom spielte. Auf dem Weg vom Parkplatz zum Hoteleingang stolperte ich zunächst über drei seiner Mitspieler im Trainingsanzug, die sich rauchend unter einen Dachvorsprung gestellt hatten und wie erwischte Schüler ihre Kippen hinter dem Rücken versteckten. In der Hotel-Lobby half mir Paul Gascoigne, der sich entweder langweilte oder einfach nur nett war, seinen Kollegen Doll von meiner Ankunft zu unterrichten. Als ich jedoch mit Doll beim Gespräch zusammensaß, platzte Gazza mit dem ungebremsten Schwung dazwischen, den sonst nur kleine Kinder haben, wenn sie auf etwas ganz Aufregendes gestoßen sind. Für den englischen Nationalspieler war das die aktuelle Ausgabe des Playboy, dessen Centerfold er ausgeklappt hatte. Aufgeregt damit wedelnd, wollte er alle anderen Menschen an seiner Begeisterung für die Oberweite des dort abgebildeten Playmates teilhaben lassen.

Meine erste Reise ins verregnete Fußballerhotel in Wuppertal hingegen, so dachte ich, würde schon mindestens zwei Jahrzehnte zurückliegen, aber Günter Netzer, das stellte ich beim Nachschauen fest, war erst zwischen dem August 1991 und dem April 1992 als Manager beim FC Schalke 04 angestellt gewesen. Obwohl Manager eigentlich nicht der richtige Begriff ist, denn Netzer hielt sich so selten in Gelsenkirchen auf, dass er entweder als »Telefon-Manager« bezeichnet wurde oder eher als ein persönlicher Berater des damaligen Präsidenten Günter Eichberg. Die Verbindung von Netzer und Schalke war ein Fiasko zu jener Zeit, wo der Club noch die Dauerabspielstätte von rumpelnder Fußball-Folklore und unverblümter Peinlichkeit war. Aber was soll ich spotten, bei meiner Begegnung mit Günter Netzer war ich ja selbst nicht besser.

Wahrscheinlich habe ich sie deshalb auch so weit zurück in der Vergangenheit vermutet, als ich noch jung war und dumm sein durfte. Nur war ich leider zwar ganz schön dumm, aber nicht mehr wirklich jung. Netzer ließ mir während des Interviews vermutlich nicht einmal eine Sonderbehandlung zukommen. Nur, dass ich erst merkte, wie sehr ich mich blamiert hatte, als ich daheim das Aufnahmeband abhörte. Dabei war ich mit einem ziemlich guten Gefühl weggefahren, denn das Gespräch hatte ich bald als sehr angenehm empfunden. Klar, ich hatte ein paar unangenehme Fragen gestellt, aber trotzdem war Netzer ganz ruhig geblieben, und das hatte mich für ihn eingenommen. Ich war halt ein Trottel.

Als ich nämlich das Band abspielte, wurde mir von Minute zu Minute klarer, was passiert war. »Da haben

Sie eine gute Frage aufgebracht«, hörte ich Netzer sagen. »Richtig, dass Sie mich darauf ansprechen«, meinte er an anderer Stelle. »Das haben Sie gut beobachtet«, säuselte Netzer. Oder: »Besser kann man es nicht formulieren.« So ging das immer weiter, und ich war stolz darauf, dass der Held meiner Kindheit die Fragen verdammt clever fand, die ich ihm stellte. Ich war so geschmeichelt, dass ich nicht richtig zuhörte, welch windelweiche Antworten er mir gab.

Das Interview erschien nie, wen hätten auch Netzers Ausflüchte und das Dokument meines Scheiterns interessiert. Und wenn ich im Regen durch Wuppertal fahre, denke ich an Netzer und dass bei mir niemand mehr mit einem Lob für Fragen durchkommt.

Die Lesefrucht

Ein kleiner Etikettenschwindel war es schon, dass die Veranstaltung gerade bei einem Literaturfestival Unterschlupf gefunden hatte. Aber einerseits sind die Macher der lit.Cologne passionierte Fußballfans, denen man eine solche Sünde verzeihen muss. Andererseits fühlte sich kein Besucher getäuscht, das merkte man sofort. »Das Spiel lesen« hieß der Titel des Abends, für den nicht vorgesehen war, dass Texte über Fußball im Mittelpunkt stehen würden. Dem Publikum sollte vielmehr eine Form der Lesehilfe für den Besuch im Stadion gegeben werden.

Dafür standen mit Joachim Löw, dem damaligen Assistenztrainer im Nationalteam, Ralf Rangnick, damals bei Schalke 04, und Uwe Rapolder, der noch bei Arminia Bielefeld unter Vertrag stand, passionierte Fachleute auf der Bühne. Bemerkenswert übrigens, dass keiner von ihnen bei der Verabredung der Veranstaltung nach einem Honorar gefragt hatte. Sie reisten für den Lohn eines Bücherpakets nach Köln. Löw machte sich dazu sogar aus Freiburg auf den Weg, Rapolder opferte seinen freien Tag, und Rangnick verschob das Training, um pünktlich da sein zu können. Alle drei hatten auf meine Bitte hin sogar noch Videobeispiele mitgebracht, frisch auf DVD gebrannte Szenen aus Spielen ihrer Teams, die systematische Überlegungen und taktische Muster erläutern helfen sollten.

Offensichtlich machte ihnen die Aussicht Spaß, dem Publikum eine Seite ihrer Arbeit vorzuführen, nach der sonst weniger gefragt wird. Jedenfalls kam die Sache auf der Bühne zügig in Gang, als die drei um einen Taktiktisch herumstanden. Löw erklärte Grundformationen von gestern und heute. Rangnick offenbarte sein trauriges Leben als Kettenhund im defensiven Mittelfeld zu Zeiten der Manndeckung, als er an manchem Wochenende kaum am Ball war und doch gelobt wurde. Rapolder schließlich ließ die Steine übers Spielfeld sausen, als er die Kunst des Pressings erklärte, und fast hätte es dafür Beifall auf offener Szene gegeben. Die Zuschauer konnten die Züge auf einer Leinwand nachvollziehen, und dort schauten wir uns auch die mitgebrachten Videobeispiele an.

Erstaunlich, wie gut die drei zusammenpassten. Löw war mit seiner nüchternen Sachlichkeit der Liebling der jüngeren Zuschauer, für die Ironie ein zu kompliziertes Konzept ist. Rangnick nahm die Besucher durch sein sprühendes Engagement ein, während Rapolder fast auf Pointe sprach. Bei aller Unterschiedlichkeit konnte man ahnen, warum gerade sie hochrangige Jobs in ihrer Branche haben. Zwei Stunden lang blieben alle im Saal gebannt sitzen, warum sollte es Spielern anders gehen?

Nachdem das Trio den begeisterten Applaus entgegengenommen hatte, wurde es nicht anders, denn bei Tisch diskutierten sie weiter engagiert über Fußball. »Der Ballack ist ein Sechser« war einer der schönen Sätze, als die Trainer für einen Moment fast hitzig debattierten, wie und wo Deutschlands bester Spieler optimal einzusetzen wäre. Man soll nicht glauben, dass es unter Trainern anders zugeht als am Tresen.

Bald gesellte sich Kölns damaliger Manager Andreas Rettig dazu und musste sich die Spötteleien gefallen lassen, ob er gekommen sei, um dem Schalker Rangnick seinen Stürmerstar Lukas Podolski abzuliefern oder um Rapolder als neuen Coach unter Vertrag zu nehmen. Weiter gingen die Gespräche, und nur für kurze Momente ließen sich die Diskutanten ablenken, wenn sie Schriftsteller oder Schauspieler erkannten, die nach und nach von den anderen Lesungen herübergekommen waren. Zwischendurch klingelten die Handys, denn Fußballgeschäfte kennen keinen Dienstschluss. Doch kurz wurden die Gespräche gehalten in dieser fremden Atmosphäre, die alle zu beleben schien wie der Ausflug in ein anderes Leben.

Zwei Monate später unterschrieb Uwe Rapolder als Trainer beim 1. FC Köln. Es war zweifellos ein langer Weg vom Kölner Bücherfest zur Unterschrift des Vertrages gewesen, aber zumindest hatte er bei der Literatur (oder dem Etikettenschwindel mit ihr) seinen Anfang genommen. Und nachdem Rapolder in Köln gehen musste, trainierte er zwischendurch sogar mal die deutsche Nationalmannschaft – die der Schriftsteller, versteht sich.

Fankurve '76

Seit wir überall hinfahren können, außer nach Nordkorea und Bagdad, sorgt das Reisen durch die Zeit für besondere Begeisterung. Im Laufe der Jahre ist auch in Deutschland ein lebhafter Underground entstanden, der von etlichen zehntausend Menschen bevölkert wird, die als Landsknechte das Mittelalter nachspielen und dazu in städtischen Parkanlagen den Schwertkampf üben. Oder sie lassen an langen Wochenenden den Wilden Westen wieder auferstehen. Zugleich ist »Living History« ein erfolgreiches Format im Fernsehen geworden, wobei Leute von heute den Lebensbedingungen von gestern ausgesetzt werden. Wir dürfen dabei zuschauen, wie es im »Schwarzwaldhaus 1902« ohne Zentralheizung, fließendes Wasser und Waschmaschine zugegangen sein könnte. In »Abenteuer 1900 – Leben im Gutshaus« durfte man zudem die Freuden einer streng hierarchischen Gesellschaft erleben und in »Die Bräuteschule 1956« die von bestimmt nicht wenigen Zuschauern schwer vermissten Zeiten, als Frauen noch zu Bräuten erzogen wurden.

Ich persönlich finde zwar die heutigen Zeiten kompliziert genug, um mir nicht auch noch ein Gestern aufhalsen zu wollen, aber mit Fußball würde man mich wohl auch in diesem Fall kriegen. Zwar blickt das Spiel auf eine Historie von nicht einmal 150 Jahren zurück, aber seine Geschichte könnte man selbstverständlich an vielen Punkten durchspielen. Etwa bei »Sportklinik 1956«, wo selbst Meniskusoperationen zu gefährlichen Abenteuern werden, bei denen die Protagonisten spannende Narkosezwischenfälle erleben würden oder den Schweiß vom Wundfieber auf der Stirn stehen hätten. Man würde Kicker mit eingegipsten Beinen sehen und solche mit Tränen in den Augen, weil ein Kreuzbandriss das Ende der Karriere bedeuten würde.

Ebenfalls vor Entdeckung des Syndesmose-Bandes würde »Fußball 1920 – Blut am Schuh« spielen. Dort könnten wir endlich mal richtig nachvollziehen, wie langweilig Fußball war, als Abseits noch gepfiffen wurde, wenn bei der Ballabgabe nicht mindestens drei Mann der gegnerischen Mannschaft im Weg standen. Einen tollen Aha-Effekt würde auch das Schuhwerk von damals produzieren, unter besonderer Berücksichtigung der angenagelten Lederklötzchen unter dem Fußballstiefel. Nicht zu vergessen die gefühlt zwanzig Kilo Gewicht, die ein echter Lederball entwickeln kann, wenn er sich richtig schön mit Regen und Matsch vollgesogen hat. Toll auch die Spiele an heißen Sommertagen mit dem früher aus medizinischen Gründen verhängten Verbot, Wasser zu trinken, das bewegende Großaufnahmen ausgezehrter Gesichter ermöglichen würde.

Richtig toll, weil besonders nah am Reenactment der Auseinandersetzungen von mittelalterlichen Horden, wäre »Fankurve '76«. Dieser Fall fürs Spätprogramm würde deftige Hauereien so genannter Fußballrocker zum Leben erwecken, die früher ihre Würze dadurch bekamen, dass es in den Stadien noch keinen neumodischen Kram wie Blocktrennung oder Videoüberwachung gab. Außerdem war die Vereinszugehörigkeit der Fans deutlich an ihren Kutten und Schals zu erkennen. Da wusste man wenigstens sofort, wem man was auf die Mappe hauen musste. Gut wäre der Einsatz historischer Waffen:

Schlagringe, Totschläger, Fahrradketten, die Würgehölzer Nunchakos und Springmesser. Für ein großes Hallo sorgten damals auch mit Sand gefüllte Bierflaschen.

Realen Personen nicht zuzumuten wäre das Format »Meistertrainer Udo« und müsste von Schauspielern nachgespielt werden, geht es doch um eine Mannschaftsführung im Geiste der fünfziger Jahre, in der die Schwachen vom cleveren Erfolgscoach gequält werden, der zugleich die wichtigen Spieler bei Laune hält. Doch die Mannschaft hält zusammen und unterminiert seine Autorität, indem sie Zahnpasta auf die Klinke zum Trainerzimmer schmiert und in der Nacht vor dem Spiel gemeinsam in ein Bordell ausbüxt, wo die Spieler mit vollbusigen Blondinen im Arm Zigarre rauchen. Und je länger man sich all das ausmalt, umso drängender wird der Gedanke, dass die Geschichte des Fußballs endlich nacherlebt werden muss.

Oplichter

So ein Wutausbruch hätte mir ebenfalls passieren können – oder auch nicht. Als Fußballjournalist lernt man im Laufe der Jahre nämlich, den Fan in sich in Schach zu halten, so schwer es mitunter fällt. Woran jener liebenswürdige Kollege erinnert, der mit Borussia Mönchengladbach leidet und einen fehlgeleiteten Referee während des Spiels schon mal lautstark als »Wichser« beschimpft. Auch Hugo Borst gingen die Nerven durch, als Sparta Rotterdam im Halbfinale des holländischen Pokals gegen den FC Utrecht spielte. Sparta ist einer der ältesten und traditionsreichsten Clubs des Landes, war aber nach achtzig Jahren aus der ersten Liga abgestiegen, weshalb der Aussicht auf ein Pokalendspiel noch größere Bedeutung zukam. Auch für Borst, einen der bekanntesten und eigenwilligsten Fußballjournalisten Hollands. Im *Algemeen Dagblad* schreibt der Mann, der seinem Auftreten nach auch in einer Indie-Band mitspielen könnte, eine zumeist sehr witzige Kolumne. In der Fernsehsendung *Studio Voetbal* gibt er an der Seite des ehemaligen Schalkers Youri Mulder den Part des scharfzüngigen Provokateurs. Bei Sparta Rotterdam führt er eine lange Familientradition fort, sein Vater besucht die Spiele im Stadion »Het Kastell« seit 1938, Hugo Borst immerhin seit 1968.

Im Pokalspiel gegen Utrecht pfiff der Schiedsrichter in der ersten Halbzeit zwar einen Elfmeter für Sparta, zeigte dem gegnerischen Torwart aber keine Rote Karte, obwohl er mit seinem Foul ein sicheres Tor verhindert hatte.

Der Keeper blieb, hielt den Strafstoß, und Borst stürmte in der Pause zu den Kabinen. Man muss an dieser Stelle sagen, dass er an jenem Abend nicht als Berichterstatter im Stadion war, sondern als Fan seiner Mannschaft. Weil ihn aber bei Sparta jeder kennt, gelangte er auch ohne Pressekarte ungehindert zum Referee und beschimpfte ihn als »oplichter«, als »Schieber«.

»Ich wollte ihm helfen, ein besserer Schiedsrichter zu werden«, sagt Borst, »und in der zweiten Halbzeit hat er dann auch fast jeden Freistoß für Sparta gepfiffen.« So würde man als Fan gern häufiger helfen, trotzdem reichte es für Sparta nicht, 3:3 stand es nach Verlängerung, im Elfmeterschießen gewann der Erstligist aus Utrecht und zog ins Finale ein. Tags darauf schrieb Hugo Borst seine Zeitungskolumne in eigener Sache, und in der Fernsehsendung kündigte er einige Tage später an, dass ihm so eine Entgleisung nicht mehr passieren würde. Außerdem sprach der Journalist Borst gegen den Fan Borst ein freiwilliges Stadionverbot aus: Anstatt zum nächsten Spiel von Sparta zu gehen, würde er eine Lesung besuchen.

Das war eine gerechte Strafe, sie wurde mit der nötigen Selbstironie ausgesprochen, womit das Thema eigentlich hätte erledigt sein müssen. War es aber nicht, denn der holländische Fußballverband forderte von Borst eine offizielle Entschuldigung und drohte, ihn so lange von allen Pokal- und Länderspielen auszuschließen. Nach einem Friedensgipfel wurde das Berufsverbot aufgehoben, und der Fan durfte endlich wieder seiner Arbeit nachgehen.

Goldene Regeln des Fußballjournalismus

Lokomotivführer und Astronauten sind out, immer mehr junge Menschen wollen heute Fußballjournalist werden. Schließlich verspricht der neue Traumberuf die Nähe zu den Stars auf dem Rasen, den Glanz großer Spiele und die Bewunderung der eigenen Freunde. Doch worauf muss man achten? Und wie macht man als Fußballjournalist so auf sich aufmerksam, dass man sonntags auch zum Diskutieren ins Fernsehen eingeladen wird? Wer sich an folgende Regeln hält, ist auf dem richtigen Weg.

Messen Sie den Druck! – Dazu muss man kein Physiker sein, und ein Manometer braucht man ebenfalls nicht. Fragen Sie einfach, ob ein Spieler, Trainer oder eine ganze Mannschaft dem Druck standhält. Mutige werden nicht erst fragen, sondern gleich behaupten, dass es nicht so ist.
Stellen Sie die Charakterfrage! – Konzepte sind selbstverständlich nichts wert, wenn es an Charakter fehlt. Und wo es an Punkten mangelt, ist dieses Defizit nicht weit. Hilfsbegriffe für Ihre Charakterstudien: Legionär, satt, Millionarios, ohne Herz, etc.
Fordern Sie Konzepte! – Irgendwo geht immer was schief. Mannschaften geraten unversehens in den Abstiegskampf, werden doch nicht Meister oder verpassen andere Ziele. Dann ist der Moment gekommen, Konzepte einzufordern. Sie sollten erwarten, dass diese »griffbereit in der Schublade liegen«. Ist das nicht der

Fall, ist es Zeit für »deutliche Worte«, denn die werden jetzt von Ihnen verlangt.

Arbeiten Sie Bereiche ab! – Die Welt des Fußballs ist groß, aber man kann sie übersichtlich parzellieren, in Bereiche nämlich. Arbeiten Sie diese nach und nach ab: Nachwuchsbereich (nicht mit dem Jugendbereich oder Juniorenbereich zu verwechseln), Amateurbereich und Profibereich, Defensivbereich, Offensivbereich und Mittelfeldbereich, Trainerbereich und Transferbereich, um nur einige zu nennen. Und siehe da: Bald schon werden Sie Bereichsleiter.

Fordern Sie Talente! – Mit der Talentforderung liegen Sie nie falsch. Jedem Fan geht das Herz auf, wenn er rotbäckige Youngster (am besten: »aus der Region«) statt »abgehalfterte Profis« sieht. Mit Talenten ist es nämlich wie mit Neuemissionen an der Börse, sie wecken Kursphantasien. Sollten die Alteingesessenen dem Startup dennoch überlegen sein: Fordern Sie Routiniers!

Fordern Sie Philosophie! – Vorbei sind die Zeiten, in denen Fußballtrainer einfach nur Hütchen aufstellten, ihre Jungs um den Platz scheuchten und sich etwas ausdachten, was sie hinterher als Taktik verkauften. Heute braucht jeder Coach eine Philosophie. Fragen Sie den Trainer also in aller Strenge nach seiner Philosophie, und keine Angst: Man braucht kein Studium dazu. Er wird Ihnen erklären, wie er seine Hütchen aufstellt, die Jungs um den Platz scheucht, und er wird Ihnen eine Taktik zu verkaufen suchen. Fertig ist die Philosophie.

Loben Sie defensive Mittelfeldspieler! – Ein Insidertipp für Fortgeschrittene und solche, die so tun wollen, als wären sie es. Mittelstürmer loben, die viele Tore schießen, das kann jeder. Hymnen auf Heroen zwischen den Pfosten singen und Ehrenkränze für Mittelfeldgenies oder knallharte Verteidiger flechten, das sollten Sie den Anfängern überlassen. Echte Kenner loben die Männer im defensiven Mittelfeld, die sie leger »Sechser« nennen, aber (Achtung!) auch als »Doppelsechser« existieren. Wenn Ihnen das zu kompliziert ist:

Fordern Sie Typen! – Ein echter Klassiker des Fußballjournalismus ist die Typenberatung und als solche das kleine Brüderchen von »Früher war alles besser«. Früher gab es nämlich noch Typen, die immer »echt« waren, sich also dufte rüpelhaft benommen haben, »alle Fünfe gerade sein« und kein Bier stehen ließen. Außerdem haben sie sich »nicht verbiegen lassen«, sind entsprechend unbiegsam über den Platz getrabt, um sich hinterher mit dem Trainer oder sonst wem »die Wahrheiten an den Kopf zu knallen«.

Sehen Sie, da klingelt schon das Telefon, und das Fernsehen lädt zum Stammtisch ein.

Die Strafe Babylons

»Translate!«, fauchte Mircea Lucescu, und fast musste man sich Sorgen machen, dass der rumänische Trainer des ukrainischen Clubs Schachtjor Donezk den neben ihm sitzenden Dolmetscher schlagen würde. Auf die Tischplatte haute er jedenfalls schon mal, weil sich der Mann so verdammt dusselig anstellte. Aber warum er vom wütenden Coach plötzlich auf Englisch zum Übersetzen dessen aufgefordert wurde, was der gerade auf Englisch statt Rumänisch erzählt hatte, verstand der arme Tropf nicht. War er nicht zum Übertragen vom Rumänischen ins Deutsche bestellt worden? Oder sollte er zunächst ins Russische übersetzen? Warum saß noch eine weitere Dolmetscherin auf dem Podium? War nicht die für den Transfer zwischen Englisch und Ukrainisch zuständig?

Der Herrgott hat uns in Babylon zwar alle mit der Sprachenvielfalt gestraft, aber wenige wissen diesem Drama so viele komische Seiten abzugewinnen wie der FC Schalke 04, dem der europäische Spielverkehr in den letzten Jahren immer wieder Gäste aus dem ehemaligen Ostblock bescherte. Neben der ukrainischen Mannschaft aus Donezk waren in UI-Pokal und Uefa-Cup Teams aus Ungarn und Litauen, aus Kroatien, der Slowakei und Moldawien, aus Polen und aus Weißrussland zu Gast. Selbstverständlich gab es nach jeder dieser Partien so genannte Pressekonferenzen, bei denen die Trainer über Sieg oder Niederlage nicht weiter überraschend in fremden Zungen sprachen. Nicht immer war es so kompliziert wie bei Lucescu, der weder Deutsch noch die Sprache der aus der Ukraine mitgereisten Journalisten beherrschte. In aller Regel sprach ein polnischer Trainer Polnisch und ein slowakischer Coach Tschechisch.

Erstaunlicherweise offenbart sich dennoch ein großes komisches Potenzial im Übertragen von mündlichen Mitteilungen aus einer Sprache in die andere, wobei sich bei Schalke die Dolmetscher überwältigt von der Größe ihrer Aufgabe zeigten. Man spürte im Auditorium deutlich, dass sie angesichts der Kameras, Mikrophone und anwesenden Weltpresse am liebsten gestaunt und geschwiegen hätten.

Von da aus nahm das Scheitern an der Aufgabe sehr unterschiedliche Wege. Ein direkter war die Übersetzung in ein Deutsch, das man nur wirres Gestammel nennen konnte. Man wusste schlicht nicht, wovon sie sprachen. (Interessante Variante: Bei der Europameisterschaft 2004 in Portugal hatte der spanische Nationaltrainer einen Dolmetscher, der ihn fließend, aber völlig falsch ins Englische übertrug, jedoch nicht in der Lage war, Fragen vom Englischen ins Spanische zu übersetzen. Dafür war der Pressesprecher zuständig.)

Beliebte Fehlleistungen des Dolmetscherwesens sind auch solche radikalen Komprimierungen, bei denen die gut zweiminütige Ausführung eines weißrussischen Trainers mit den Worten zusammengefasst wurde: »Er sagt, dass Schalke besser war und verdient gewonnen hat.« Besonders verwirrt von der Situation auf dem Podium war eine tschechische Übersetzerin. Dabei hatte Jupp Heynckes, damals noch Schalker Trainer und alter Profi des internationalen Fußballs, ihr bewusst nur einen einzelnen, kurzen ersten Satz geliefert. »Ich bin froh, dass uns der Sieg noch gelungen ist«, hob Heynckes nach einem späten Siegtor gegen Liberec an und schaute aufmunternd zur Übersetzerin hinüber. »Ich bin froh, dass uns der Sieg noch gelungen ist«, sagte sie – auf Deutsch. Dann schaute die arme Frau stolz zu Heynckes hinüber, dessen Kopf rot leuchtete, weil er sein Lachen unterdrücken musste.

Dachte man lange, dass es diese Probleme nur mit osteuropäischen Mannschaften und ihren schwierigen Sprachen gab, bekam der nette Dolmetscher, der bei Interviews mit der so genannten Samba-Fraktion in Gelsenkirchen gerne hilft, sogar beim Spiel gegen eine spanische Mannschaft einen Blackout, wie er hinterher zugab. Er brachte kein Wort heraus, dabei ist der Mann Spanier. Aber vielleicht ist ein Stadion mit fahrbarem Rasen eine ähnliche Blasphemie wie der Turmbau in den Himmel von Babel.

Verdammter Zoff

Als ich mein Regal ausräumte, um Platz für weitere Stadionzeitungen, neue Ausgaben des *Kicker, Reviersport* und der *Sport Bild* zu schaffen, musste ich dazu erst einmal alte Ausgaben besagter Publikationen entsorgen. Wobei ich nicht weit kam, denn als ich die Hefte von *Sport Bild* aus anderthalb Jahren aufeinanderhäufte, erkannte ich plötzlich den tieferen Zusammenhang der phantastischen Schlagzeilen des Magazins aus Hamburg, mit denen Mittwoch für Mittwoch die Leser zum Kauf überredet werden sollen.

Eine eigene kleine Kunstform ist dabei entstanden, die in vielen Abwandlungen immer wieder daran erinnert, dass sich die Menschen einfach nicht miteinander verstehen. Weil das eine weit verbreitete Erfahrung zu sein scheint, lockt man offensichtlich viele Leser mit der Aussicht auf allerlei Konflikte, die mal als »Streit«, mal als »Zoff« daherkommen. Sie äußern sich durch »Vorwürfe«, »Drohungen« werden dabei ausgesprochen und hier und da ein »Machtkampf« geführt. Kurzum: Der *Sport-Bild*-Leser scheint ein treuer Freund krachender Streitereien zu sein, wenn man sich die »Zorn und Zoff«-Schlagzeilen anschaut.

Zorn auf Frings · Neuer Torwart-Zoff um Warmusz · Lothar Matthäus – Krach mit Stuttgart und Hertha BSC · Bayern-Stars vom Trainer beschimpft · Neue Vorwürfe gegen Klinsmann · Erste Drohung von Magath · Kabinenkrach um Podolski · Neuer Machtkampf mit den Fans · Streit um Kuranyi · Letzte Warnung für Kahn und Lehmann · Netzer warnt Bayern · Machtwort von Beckenbauer · Schalke zofft weiter · Neuer Streit um Wörns

Besonders gelungen ist das Konzept der Headline-Derwische von *Sport Bild*, die Lust auf Zoff noch zu steigern, indem man dem Leser »neuen Zoff« bzw. »neue Vorwürfe« oder »neuen Streit« verspricht. Ich muss gestehen, dass auch mich die Aussicht darauf begeistert. Denn mal ehrlich: Wer will schon alten, leicht abgestandenen Zoff, der nach zu lang getragenen Socken müffelt, wenn man auch taufrischen und nagelneuen Zoff haben kann? Vielleicht streiten sich dabei sogar Leute, die sich noch nie Vorwürfe gemacht haben oder überhaupt Neulinge im Land der Machtkämpfe und Vorhaltungen sind und es daher krachen lassen, dass die Wände wackeln. Herrlich!

Man kann sich daher auch gut vorstellen, welche Hochstimmung in der Redaktion geherrscht haben muss, als man nach Analyse der Nachrichtenlage zu dem Schluss kam, dass der deutsche Fußball gerade flächendeckend von Hader und Streit erfasst worden war. Wahrscheinlich erklangen in diesem Moment Fanfarenstöße und ploppten Korken aus Sektflaschen, sangen himmlische Chöre und lagen sich wildfremde Menschen in den Armen, weil endlich die ideale *Sport-Bild*-Schlagzeile gemacht werden konnte:

Überall! Neuer Streit

Ein schöner Tag und eine schöne Woche, in der an jedem Kiosk in Deutschland die gute Nachricht verbreitet werden durfte. Doch bald schon dürften sich Gefühle der Abgeschlagenheit und Depression breitgemacht haben, wie sie auf jeden Rausch folgen. Nach und nach musste auch dem Letzten in der Redaktion klarwerden, dass man auch die beste aller Überschriften nur einmal machen kann. Seither umweht eine gewisse Schwere *Sport Bild*. »Alles spricht für Real«, hieß es zum »Fall Ballack«, als gerade bekannt geworden war, dass er zu Chelsea nach London wechseln würde. Gekauft habe ich sie trotzdem – aus Mitgefühl.

Das Fußballgericht tagt

Es verschlug mich des Sonntags in eine Fernsehsendung, bei der im Zeichen des Bieres über Fußball diskutiert wird und die Zuschauer gerne klatschen, wenn einer klare Sätze spricht. Bei mir klatschte niemand, was aber nicht so schlimm war, außerdem fiel es mir erst hinterher auf. Überhaupt hatte ich an jenem Tag eine lange Leitung, denn im Laufe der zwei Stunden diskutierten wir nicht nur die Wechselfälle der Bundesliga, sondern immer wieder auch über so genannte »strittige Situationen« vom vorangegangenen Spieltag.

Vor und zurück wurden die Bilder gespielt, damit wir sehen und debattieren konnten, ob ein Spieler nun ins Abseits gelaufen war und sein Treffer mithin eigentlich hätte zurückgepfiffen werden müssen oder ob die Fahne nicht fälschlich gehoben worden war, weil es sich eben doch um kein Handspiel, Foul oder sonstigen Verstoß gegen das Regelwerk handelte. Während ich da so saß, schwante es mir schon, aber ich konnte es (lange Leitung!) nicht formulieren. Erst hinterher wurde mir klar, dass es mir schlichtweg egal war.

Fortan jedoch war ich höchst aufmerksam dem televisionären Fußballgerichtswesen gegenüber, denn offensichtlich gehen die Redakteure und Regisseure beim Fernsehen davon aus, dass die Zuschauer derlei von ihnen erwarten. Wie anders wäre der »Pfiff des Tages« im *Aktuellen Sportstudio* des ZDF zu erklären, wo strittige Entscheidungen noch einmal beäugt und beurteilt werden? Bei dieser Revision (ohne Folgen für alle Beteiligten) trillert eine animierte Schiedsrichterpfeife in Grün, wenn rechtens entschieden wurde, oder in Rot, wenn das nicht rechtens geschah.

Außerdem fiel mir auf, dass bei Liveübertragungen von Fußballspielen in Deutschland viel häufiger die verlangsamte Wiederholung vorgeführt wird als bei denen aus anderen Ländern. Es bedient wohl ein spezifisch deutsches Interesse, selbst bei einem Einwurf oder Eckball noch einmal aus elf Kamerapositionen nachzuschauen, ob da nicht vielleicht Unrecht gesprochen wurde. Ein geradezu erotisches Schaudern überkommt manchen Reporter, wenn er bei der Exegese eines Handspiels im Strafraum von der »unnatürlichen Bewegung« sprechen kann, die übrigens, das sei nicht verschwiegen, weder im offiziellen Regelwerk so genannt wird noch in den ergänzenden Ausführungen des Deutschen Fußball-Bundes oder jenen des International Football Association Board, der sich der Regelfragen traditionell annimmt.

Es ist unglaublich, welch großen Anteil das Betrachten und nachfolgende Besprechen von Schiedsrichterentscheidungen bei uns einnimmt. Mancher Spielbericht macht den Eindruck, als wäre er nur als Beweismappe für das Amtsgericht des Fußballwesens am heimischen Fernseher zusammengestellt.

Nur, was um Himmels willen soll dieser Unsinn? Sind Fußballsendungen in diesem Land getarnte Gerichtsshows für Leute, die keine Gerichtsshows gucken (oder für solche, die nicht genug davon bekommen können)? Ist also Reinhold Beckmann die Fußballversion von Richter Alexander Hold und Johannes B. Kerner jene von Richterin Barbara Salesch? Steckt dahinter vielleicht sogar ein revolutionäres Begehr, wo doch das Rechtssystem des Fußballs auf der Unumstößlichkeit der »Tatsachenentscheidung« beruht, die den Schiedsrichter in eine Position des Gottgleichen versetzen? Will sich der deutsche Fan dagegen erheben, oder will er sich nur auf die Seite der Mächtigen schlagen und zum Richter auf dem Sofa werden, selbst wenn der Satz »Hier sieht man, dass er doch abseits war« falsch bleibt, weil abseits nur dann ist, wenn der Schiedsrichter pfeift? Und was ist eigentlich falsch mit mir, dass ich irrige Schiedsrichterentscheidungen hinnehme wie einen holprigen Platz und schlechte Bälle? Ich werde das weiter verfolgen.

Hurra, hurra, das Sonderheft ist da

Vor gut 400 Jahren kaufte ich mein erstes *Kicker*-Bundesligaheft, das ich heute noch besitze und sich besten Zustandes erfreut, weil ich herausfand, dass es selbstklebende Schutzfolie gibt. Deshalb kann ich auch sicher sagen, dass zwischen jenem ersten Sonderheft von 1973 und denen der letzten Jahre kein wesentlicher Unterschied besteht, auch wenn damals Willy Brandt noch Bundeskanzler war und sich die Menschen seitdem nicht nur ans Farbfernsehen gewöhnt haben, sondern auch an DVDs. Weil das so ist, ist eine solche dem Sonderheft heutzutage beigefügt. (Sie läuft drei Stunden lang, aber man hat schon nach drei Minuten das Gefühl, die ganze Zeit abgesessen zu haben.)

Im Heft selbst, das zu Recht mit dem Stempel »Das Original« versehen ist, gibt es im Vergleich zu den Vorjahrzehnten nur kleine Änderungen. (Es mag sein, dass die Auflistung der vergebenen Elfmeter in der vorangegangenen Bundesligasaison neu ist, auf jeden Fall ist sie toll, und ich habe sie in Ruhe durchgearbeitet.)

Die traditionell größte Freude am *Kicker*-Sonderheft aber besteht im gemächlichen Beschreiten der seit vielen Jahrhunderten immer gleich strukturierten Welt der Vereinsseiten: Zugänge, Abgänge, Trainer, Trainer der letzten Jahre, Termine und natürlich die Spielerbiographien. Wobei jene in der zweiten Liga oft interessanter waren, auch wenn man manchmal denkt, im Sonderheft von Serbien & Montenegro gelandet zu sein. Doch in der ersten

Liga sind einem die Karrieren der Spieler einfach präsenter gewesen, obwohl einen die Information schon verblüffen kann, dass Nebosja Krupnikovic, der alte Trickser, schon in sechs Ländern gespielt hat, darunter Japan und Belgien.

Ein ganz eigener Zauber geht immer von besonderen Namen aus, und in der Saison 2005/2006 hatte der VfL Bochum den Spieler mit dem besten Namen unter Vertrag. Er kommt aus Brasilien, heißt aber China. Auch toll: Marc Gouiffe á Gouffan (SC Paderborn 07) und der für einen Kanadier erstaunlich heißende Tamandani Nsaliwa aus Saarbrücken.

Durch die Jahreshefte kann man auch Lebenswege verfolgen. Dass also Didi Schacht, früher ein Haudegen beim MSV Duisburg, mal das Frauenteam vom SC 07 Bad Neuenahr trainierte. Oder dass Alberto Mendez, der mal von Arsenal London unter Vertrag genommen wurde, in Bayreuth spielte und dort später abstieg.

Auch beim Stöbern in den Auslandstabellen trifft man auf traurige Schicksale. Hart erwischt hatte es in Albanien den KF Laci, der voller Hoffung in die höchste Spielklasse aufgestiegen war und sie 2005 mit nur zwei Punkten aus 36 Spielen wieder verlassen musste. Horror im gleichen Jahr auch in Aserbaidschan, wo gleich vier Clubs aus der Hauptstadt Baku abstiegen und nur einer auf. Zum Trost: Es waren dann immer noch fünf Clubs aus Baku in der ersten Liga. Bei der Auflistung »Deutsche im Ausland« finden sich Spieler, von denen man gar nicht wusste, dass es sie gibt. Ich jedenfalls hatte von den 18 deutschen Luxemburgprofis (allein sieben bei CS Grevenmacher und sogar acht bei Victoria Rosport) noch nie gehört. Ach, ich könnte ewig so weitermachen und freue mich schon aufs nächste Jahr.

Die WM war nicht so toll

Ich bin mir immer noch nicht sicher, ob schon genug Zeit verstrichen ist, um endlich die Wahrheit zu sagen. Denn als ich es einige Wochen nach dem Ende des WM-Sommers 2006 versuchte, waren selbst meiner Freunde Reaktionen darauf bestenfalls ablehnend, teilweise aber auch grimmig, sodass ich mir anschließend Zurückhaltung auferlegte und mich auf Andeutungen beschränkte. Diese seltsame Situation hat auch mit einem Häufchen grüner Eintrittskarten aus Pappe zu tun, die groß wie Flugtickets sind und zum Besuch der Spiele der Weltmeisterschaft in Deutschland berechtigten.

19 davon liegen auf meinem Schreibtisch. Aber darf man nicht mehr die Wahrheit sagen, wenn man so viele davon besitzt? Klar, diese Tickets wurden verzweifelt gesucht und übertevert bezahlt, weil es vergleichsweise wenige davon gab, gemessen an der Zahl der Menschen, die sie unbedingt haben wollten. Angesichts eines irrwitzigen weltweiten Lossystems erscheint es erst recht unfassbar, dass eine einzelne Person, die nicht Franz Beckenbauer heißt, Eintrittskarten für 19 Spiele hatte, was immerhin annähernd ein Drittel aller Partien war. Insofern sorgte der kleine grüne Stapel im Sommer für ungefähr so viel Sozialprestige wie sonst nur ein Porsche in der Garage oder, wenn man es differenzierter mag, ein echter Gursky zu Hause über dem Sofa.

Auch wenn es um derlei im Leben natürlich nicht wirklich geht, gehört es sich dennoch nicht, den Wert seiner

Besitzstände herunterzuspielen. Schließlich gibt es auch eine Arroganz der Bescheidenheit. Die Bemerkung, dass ein Porsche ganz schön eng und nicht so toll gefedert ist, sollte man sich genauso verkneifen wie den Hinweis darauf, dass man über dem Sofa schließlich nicht das Schlüsselwerk des großen Fotografen hängen hat. Doch wenn ich mir die grünen Pappkarten noch einmal genauer anschaue, kann ich trotz kollektiver Glückseligkeiten auf Deutschlands Straßen zu keinem anderen als dem blasphemischen Schluss kommen: So toll war die WM wirklich nicht. Und nicht nur, weil ich gerade die Eintrittskarte zum schlechtesten Spiel des Turniers in der Hand halte. Schweiz gegen die Ukraine fühlte sich in 90 Minuten plus Verlängerung plus Elfmeterschießen an wie eine Partie zwischen Wolfsburg und Bielefeld im Spätherbst.

Auch die meisten anderen Partien waren als Fußballspiele betrachtet von enttäuschender Mittelmäßigkeit. Ein englischer Kollege schickte mir nach dem 2:0-Sieg von England über Trinidad eine SMS: »Hell, Bochum would beat that lot.« Als ich höflich zurückschrieb, dass der VfL Bochum aber wahrscheinlich nur 1:0 gewonnen hätte, antwortete er glucksend, dass er England meinen würde. Kaum einmal ging mir oben auf der Tribüne das Herz auf, weil erinnerungswürdig gekickt wurde, zu dick und faul waren die Brasilianer und von nur kurzer Halbwertszeit die Argentinier. Afrika fiel weitgehend durch, Asien erst recht, und die beiden Finalisten Italien und Frankreich haderten lange mit sich, bis sie plötzlich im Finale standen. Eigentlich machte nur die Mannschaft von Jürgen Klinsmann richtig Spaß, und die sah ich leider nur zweimal live, beim zweiten Mal verlor sie auch schon gleich.

Außerdem habe ich die Eintrittskarten nicht erlost und

dann gekauft, sondern sie als akkreditierter Journalist kostenlos zugeteilt bekommen. Wobei ich schon merke, während ich das aufschreibe, dass es nur noch ungeheuerlicher klingt: 19 WM-Tickets und alle geschenkt, Hammer! Man sieht, wie schwer es mit der Wahrheit ist. Ob ich denn die tolle Stimmung bei der WM ignoriert habe, werden jetzt einige streng fragen. Die kommt auf Pressetribünen aber leider nur sehr vermittelt an. Trotz gelebter Völkerfreundschaft mit den Kollegen aus aller Welt reicht es zur gemeinsamen La Ola nicht. Auch sonst habe ich mich leider nicht durch die feierseligen Innenstädte bewegen können oder bin mit enthusiasmierten Fans im Bus zum Stadion gefahren, sondern war in einem Paralleluniversum der Durchfahrtscheine und Pressezentren unterwegs. Doch jetzt spüre ich schon wieder, dass auch dieser Hinweis missverständlich ist, und werde fortan mit meiner Wahrheit wohl ziemlich allein bleiben.

Wie ich einmal vergaß, Schalke zu hassen

Ich bin cooler geworden und würde mir sogar eine gewisse Abgebrühtheit unterstellen, wenn man da nicht an Würstchen denken müsste. Auf jeden Fall machte es mir nichts aus, als mein Club zum fünften Mal aus der Bundesliga abstieg, sehen wir einmal von dem steinernen Schweigen ab, in das ich danach fiel. Inzwischen habe ich einen professionellen Abstand dazu, außerdem spüre ich immer deutlicher die Erfahrung von mehr als drei Jahrzehnten im StaFKAR (Stadium formerly known as Ruhrstadion). Ich denke, Gelassenheit ist der richtige Ausdruck, die nur für Außenstehende von stumm ertragener schlechter Laune nicht zu unterscheiden ist.

Meine Arbeit brachte es viele Jahre mit sich, dass ich mich im Westen der Republik verstärkt um jene Fußballclubs kümmerte, denen es gerade entweder besonders gut oder besonders schlecht ging. Also stand ich bei Bayer Leverkusen auf der Matte, wenn sie fast die Champions League gewannen oder wenn sie sich in die zweite Liga zu stürzen schienen. (Stürzte sich der VfL Bochum mal wieder in die untere Klasse, war es hingegen keine so große Geschichte.) Ich folgte dem 1. FC Köln bei seinem Auf und Ab durch die Ligen und heftete mich oft dem FC Schalke 04 an die Fersen, weil da eigentlich immer was los war.

Erschreckend ist es aber, wenn professionelle Zuwendung voreilig für Herzensbindung gehalten wird und man sich plötzlich mit der Frage konfrontiert sieht: »Wie bist du eigentlich Fan von Bayer Leverkusen geworden?« Noch schlimmer ist das triumphierend behauptete Konvertitentum, dass ich jetzt wohl endlich Schalke-Fan geworden sei. Was bei den allgegenwärtigen Schalkisten stets den anstrengenden Unterton von religiösen Eiferern hat, dass man zum einzig richtigen und wahren Glauben gefunden habe. Man könnte nun als Antwort einfach in höhnisches Gelächter ausbrechen, doch zusätzlich kompliziert wird die Sache dadurch, dass man im Laufe der Zeit zumeist auch noch Sympathien für jene bekommt, über die man berichtet. Von den wenigen echten Kotzbrocken abgesehen, erkennt man nämlich in Managern oder Trainern, Spielern oder Vorständen bald die Menschen in all ihren Verstrickungen, Schwächen und Geworfenheiten und wäre ein reichlich tumber Klotz, würde man angesichts dessen nicht irgendwie milder gestimmt sein. Echte Abneigung ist oft halt am besten aus der Distanz aufrechtzuerhalten.

Dennoch mag es mancher Fan des VfL Bochum für eine nicht hinzunehmende Abirrung oder gar mentales Swingertum halten, dass es Tage gab, an denen ich schlicht vergaß, Schalke zu hassen. Aber so war es nun mal. Ich habe auch Mönchengladbach oder Duisburg die Daumen gedrückt, weil ein Fußballspiel mit Parteinahme anzuschauen immer mehr Spaß macht. Doch keine Sorge: Geht es gegen den besten aller Clubs, bin ich ideologisch gefestigt und stehe damit nicht allein. Der deutsche Fußballjournalismus ist nämlich eine Armada von tief in Vereinsfarben getunkten Reportern. Zwangsgeoutet werden soll hier niemand, aber lustig ist es schon, wenn todseriöse Kollegen sich bezüglich ihrer Clubs zu Verschwörungsthesen aufschwingen, die sie zwar lautstark vertreten, aber nie aufschreiben würden. Nett sind

Geständnisse, dass sie den Managern ihrer Clubs Tipps gegeben haben, die sogar zu Transfers führten. Ich kenne einen langjährigen Schalke-Reporter (und werde seine Anonymität streng schützen), der am Tag der Vier-Minuten-Meisterschaft im Stadion Socken des FC Bayern trug, weil er seit Kindertagen Fan des Rekordmeisters ist.

Ich freue mich über jeden Kollegen, der nach Siegen mit seligem Blick und nach Niederlagen mit roten Backen seiner Arbeit nachgeht. Eine zweite Ebene der Analyse und Distanz sollte es natürlich geben, aber mit der ersten Ebene der Wut über einen völlig unnötigen Abstieg, des Zorns über eine bescheuerte Einkaufspolitik und des Ärgers über einen sich ins Nirwana quatschenden und viel zu spät demissionierten Trainer lässt sich viel besser arbeiten und hinterher über Abstand, Gelassenheit und Coolness schwadronieren.

Im Trikot

Being Bernd Hölzenbein

Es ist nicht einfach, sich vorzustellen, wie schwer es ist, den ganzen Tag Bernd Hölzenbein zu sein. Man wacht morgens auf und ist Bernd Hölzenbein, beim Frühstück kommt man so wenig um den Umstand herum, Bernd Hölzenbein zu sein, wie später beim Einkaufen oder auf dem Golfplatz. Und ist abends wieder ein ganzer Tag als Bernd Hölzenbein vorüber, droht für den nächsten das Gleiche.

Nun mag man sich fragen, was denn daran so schlimm sein soll, Bernd Hölzenbein zu sein, wo es einen noch viel übler erwischen könnte. Nicht auszudenken, als Paul Breitner aller Welt stets ihre Unfähigkeit vorhalten oder als Udo Lattek den Großtrainerdarsteller geben zu müssen. Doch anders als denen sah man Bernd Hölzenbein lange Zeit auf den ersten Blick an, wie schwer er an der Bürde trug, Bernd Hölzenbein zu sein. Das mochte auch daran liegen, dass er nach seiner Zeit als Manager in Frankfurt lange keinen Job mehr in der Fußballbranche gefunden hatte. Unangenehme juristische Folgen hatte sein Engagement bei der Eintracht, über die hier der Mantel des Schweigens ausgebreitet werden soll, wiegt schwerer doch eine andere Verurteilung zu lebenslänglich.

Als Bernd Hölzenbein in Köln war, deutete alles darauf hin, dass es ein unverfänglich heiterer Abend werden würde. Das Organisationskomitee für die WM 2006 eröffnete eine Tour durch die Spielorte in einem hübschen Theater am Rhein. Das Essen und die Getränke waren frei und die Stimmung entspannt. Präsentiert wurden die WM-Botschafter der Städte. Was sie machen sollen, wurde zwar nicht klar, aber Franz Beckenbauer bat mit launigen Worten jeden von ihnen einzeln auf die Bühne. »Lieber Bernd«, sagte der Franz, als Frankfurts Botschafter Bernd Hölzenbein an der Reihe war, »du hast damals, als wir die beste Mannschaft in Europa hatten, im Halbfinale des DFB-Pokals gegen uns zwei Elfmeter rausgeschunden, und wir haben verloren. Aber das hast du anschließend im Sommer wiedergutgemacht, als du dich noch einmal hast fallen lassen ...«

Da wurde herzlich gelacht, denn viele hatten diese Partie zwischen der Eintracht und den Bayern, aber niemand die 26. Minute des WM-Endspiels von 1974 im Münchner Olympiastadion zwischen Deutschland und Holland vergessen.

1:1 stand es, als Bernd Hölzenbein über die linke Seite in den niederländischen Strafraum lief und über die Beine von Wim Jansen stürzte. Stolperte? Zur Schwalbe abhob? Oder doch: gefoult wurde? Schiedsrichter Jack Taylor, der Metzger aus Wolverhampton, sah es jedenfalls so, entschied auf Elfmeter, den Gerd Müller zum Siegtreffer verwandelte und der Bernd Hölzenbein unvergessen machte.

Als er die launige Begrüßung gehört hatte, kam er schmollend auf die Bühne, und da wurde jedem klar, warum es so schwer ist, Bernd Hölzenbein zu sein. »Wenn dieser Elfmeter als Einziges von mir in Erinnerung geblieben ist, dann ist das schade. Ich finde, man sollte das Thema beenden«, sagte er, und da gab es keinen Millimeter Platz für Ironie, selbst Franz Beckenbauer schaute für einen Moment fassungslos drein. Schließlich, sagte Bernd Hölzenbein jammernd, hätte er 420 Bundesligaspiele gemacht und dabei 160 Tore für die Eintracht geschossen. Das solle man nicht vergessen. Da nahm mich ein Kollege aus Frankfurt zur Seite, der mit Bernd Hölzenbein zusammen Fußball spielt, und sagte, dass der arme Mann seine Mitspieler daran fast jede Woche erinnern würde. Denn Bernd Hölzenbein lebt unter dem Fluch der Schwalbe, die sein Leben seit 29 Jahren zur Hölle gemacht hat. Ein freier Mann ist der 57-Jährige nie mehr geworden. »Ich möchte irgendwann auch mal wieder nach Holland fahren können«, stieß er oben auf der Bühne seinen Klageruf aus.

Doch es kam Absolution, als später am Abend Bernd Hölzenbein und Olaf Thon an der Pissrinne zusammentrafen. Wie sie sich da so gemeinsam erleichterten, schaute der Schalker zum Frankfurter hinüber und sagte vergnügt: »Du Bernd, ich glaube, den Elfer kann man geben.«

Being Bernd Hölzenbein (revisited)

In der ersten Nacht schlief Bernd Hölzenbein schlecht. Sein Hotel lag am Ende von Rotterdams Straßenbahnlinie Nummer 5. Die Eisenräder der Bahnen kreischen, weil die Schienen dort einen Bogen machen. Hölzenbein machte kein Auge zu. Am nächsten Morgen fuhr er mit seiner Frau ans Meer, am Nachmittag interviewte ihn dann ein holländisches Fernsehteam. Die Frager waren gut vorbereitet; sie wussten sogar, was Hölzenbein am Morgen des 7. Juli 1974 zum Frühstück gegessen hatte.

Später an jenem Tag vor mehr als drei Jahrzehnten hatte Hölzenbein im WM-Finale mitgespielt, von dem Holland besessen ist. Seither ist die holländische Sprache um ein deutsches Wort bereichert: »Schwalbe«. Vielleicht hat Hölzenbein nicht allein wegen der quietschenden Straßenbahn kaum geschlafen.

Abends sitzt er auf der kleinen Bühne des Goethe-Instituts in Rotterdam. Dort wird es über das ganze Jahr hinweg Veranstaltungen zum deutsch-holländischen Fußballverhältnis geben, das problematisch zu nennen eine freundliche Untertreibung wäre. Andererseits: Wie könnte man sich besser näherkommen als im Gespräch über das, was so viele Menschen in beiden Ländern beschäftigt. Also, war es eine Schwalbe?

»Wenn ein englischer Schiedsrichter einen Elfmeter für eine deutsche Mannschaft gibt, muss es einer gewesen sein«, sagt Hölzenbein. Das Publikum lacht. Er sei ein schneller Stürmer gewesen und die Verteidiger oft zu langsam. Überhaupt sei nach dem Spiel der Strafstoß kein Thema gewesen. Mit Wim Suurbier hätte er das Trikot getauscht, niemand hätte ihn der Schauspielerei bezichtigt. Später veröffentlichte *Bild* ein vermeintliches Geständnis von Hölzenbein, er erwirkte eine Gegendarstellung, aber die Legende war in der Welt.

Aber, so behauptet Hölzenbein, die Holländer hätten nicht wegen des Elfmeters verloren, sondern weil sie nach ihrer frühen Führung, durch den Strafstoß von Neeskens, »versucht haben, uns zu verarschen«. Das Publikum lacht, und Johnny Rep nickt. Der holländische Linksaußen sieht seine Mannschaft nicht als Opfer von Schiedsrichterwillkür. »Wir wollten sie erniedrigen, das hat sie wütend gemacht«, sagt er.

In der ersten Reihe sitzt Rotterdams Bürgermeister, und es ist nicht zu übersehen, dass er sich amüsiert. Der deutsche Botschafter staunt, wie leicht und humorvoll der Umgang von Rep und Hölzenbein miteinander ist und wie sehr das auf die geladenen Gäste abfärbt. Ein holländischer Fußballjournalist konzediert Hölzenbein »britische Klasse«. Das *Rotterdam Dagblad* wird schreiben: »Sein Benehmen ist das eines spitzbübischen Kindes.« Man kann es nicht anders sagen: Hölzenbein hat die Herzen im Sturm erobert.

Auch weil er ehrlich genug ist zu zeigen, wie sehr er es genießt, einmal wieder im Mittelpunkt zu stehen. Weil er spitze Bemerkungen darüber macht, dass die Holländer vielleicht auch einmal erfahren werden, wie es ist, einen großen Titel zu gewinnen. Holländer mögen solche Sticheleien. Als Hölzenbein über die Weltmeister von 1954 spricht, bekommt seine Rede fast etwas Weihevolles. Dass er sich mit diesen Legenden nicht auf eine Stufe stellen wolle, und welche unglaubliche Bedeutung der Sieg gehabt hätte. »In dem Moment dachte ich, wie provinziell wir sind«, gesteht hinterher ein holländischer Journalist. Weil es immer wieder um das Finale von 1974 geht. Ein Fernsehsender widmete dem Endspiel am 30. Jahrestag ein vierstündiges Programm, und ein Buch zum Thema erschien. »In Deutschland interessiert sich niemand dafür«, sagt der holländische Journalist. Aber das wäre wohl übertrieben.

Später gibt Bernd Hölzenbein noch einige Interviews, anschließend schläft er tief und fest. Die Straßenbahnen sind fern und es ist das gestiftet, was man auch den großen Frieden von Rotterdam nennen könnte.

Arsenalisten und Anarchisten

Als die Stunden ins Land zogen und die Schweiz immer noch gegen die Ukraine spielte, wurde die Weltmeisterschaft 2006 psychedelisch. Die Zeit zerdehnte sich und verlief wie die Lichter einer Lavalampe, doch leider gab es diesen Effekt nicht nur beim schlechtesten Spiel des Turniers. Viele Partien wurden zu Triumphen des Erwartbaren, waren bestenfalls interessant, aber nicht aufregend und oft einfach langweilig. So stellt sich die Frage, warum der Fußball bei dieser Weltmeisterschaft weniger schwungvoll und optimistisch gespielt wurde als erwartet. Warum lag der Standard unter jenem der Europameisterschaft in Portugal? Und woher soll in Zukunft die Hoffnung kommen?

In den letzten Jahren ist der Fußball systematisiert worden, und obwohl das schrecklich klingt, war es die Voraussetzung für attraktives Spiel in höchster Geschwindigkeit. Bei der WM 2006 sahen wir das nicht, weil Nationalmannschaften generell die Zeit fehlt, so etwas einzuüben, oder sie einfach nicht so gut besetzt sind wie die besten Vereinsmannschaften.

Daher wollten die meisten Trainer statt zu agieren vor allem das Spiel kontrollieren und weckten beim Publikum die Sehnsucht nach Spielern, die diese Kontrolle durchbrechen. Doch leider erfüllten die meisten von ihnen diese Sehnsucht nicht. Vor allem der Typus nicht, der bei diesem Turnier besonders weit verbreitet war: der Arsenalist. Das ist nicht wörtlich zu nehmen, denn obwohl

16 Spieler aus der Mannschaft von Arsené Wenger in Deutschland angetreten waren, gibt es diesen Typ auch in anderen Spitzenvereinen. Bei der Weltmeisterschaft sah man ihn im Team der Engländer und dem der Elfenbeinküste, bei Frankreich, Schweden und den Holländern sowieso. Die Aufzählung ist nicht komplett, aber man erkennt den Arsenalisten an seiner Schnelligkeit, am perfekten Umgang mit dem Ball sowie an seiner guten taktischen Ausbildung. Er ist ein Spieler mit phantastischen Fähigkeiten, doch je länger man ihm bei dieser WM zuschaute, desto deutlicher wurde auch, was ihm fehlt.

Es wäre albern, die Figur des unverbildeten Wilden dagegenzustellen, der dank seiner natürlichen Instinkte den Protagonisten des domestizierten Hochschul-Fußballs überlegen ist. Kein Spieler bei einer WM kommt heute mehr aus dem Nichts, aber es gibt Spieler von Klasse, die jenseits der Norm sind, die keine Fußballinternate und kein Studium in modernem Fußball hinter sich haben, denen dafür aber wirkliche Überraschungen gelingen. Das machte sie bei der WM 2006 zur gesuchten Spezies: der des anarchischen Spielers.

Frank Ribery, der Franzose mit der großen Narbe, ist so ein Anarchist. Er war nicht in der Eliteschule Clairefontaine und ist kein Stratege. Bei Ribery liefen die Fäden des Spiels nicht zusammen, und vielleicht konnte er es auch nicht lesen. Dafür konnte er das Spiel mit einem Dribbling und einem seiner explosiven Sprints verändern. »Er hat Hunger und keine Angst«, sagte sein Mannschaftskamerad Thierry Henry. Auch Carlos Tevez schien Hunger zu haben, der Argentinier spielte Fußball wie ein Wolf. Wenn er über den Platz lief, war er auf der Jagd, mit dem Ball am Fuß brachte er seine Gegner zur Strecke. Tevez machte die argentinischen Kombinationen schlechter, denn er ist eher ein Einzelgänger, aber dafür kann er ein Spiel auch allein entscheiden.

Eine der erstaunlichsten Entwicklungen des Fußballs der letzten Jahre ist es, dass Stürmer keine Verteidiger mehr umspielen können. Lukas Podolski etwa dürfte das zuletzt in der Jugend gelungen sein. Sie schlüpfen durch brüchige Stellen in den Abwehrketten oder nutzen das Durcheinander im Strafraum, aber wer spielt noch wirklich einen Verteidiger aus, der sich vor ihm aufgebaut hat? Und wer ist obendrein noch torgefährlich? Lionel Messi! Er repräsentiert zudem das Beste aus beiden Welten, er hat die Klarheit eines gut ausgebildeten Fußballprofis, sich aber zugleich die anarchistische Intuition bewahrt.

Deshalb liebt Diego Maradona ihn auch so, der größte Anarchist in der Geschichte des Fußballs. Maradona allein hat mittelmäßige Mannschaften Titel gewinnen lassen, denn Argentinien 1986 war kein großes Team, aber Maradona kam auf dem Rasen Gott nahe. (An seine Mitspieler beim SSC Neapel erinnert man sich sowieso kaum.) Diese Zeiten sind vorbei, aber es ist kein Zufall, dass Maradona nach Franz Beckenbauer die präsenteste Figur der WM 2006 war. In diesem Fußballsommer brauchte es Spieler, die ihm nahekamen.

Seit vielen Jahren steht der afrikanische Kontinent für die Sehnsucht danach und hat sie wieder nicht erfüllt. Die Elfenbeinküste war dabei den Arsenalisten zu ähnlich, weil sie ein wenig zu kalkuliert spielte. Dagegen sagte Tony Baffoe, Ghanas Teammanager, nach dem Ausscheiden gegen Brasilien: »Wir müssen uns unbedingt taktisch weiterentwickeln.« Man könnte auch sagen, dass Ghana gegen den Weltmeister zu anarchisch spielte. Es gilt eben die feine Linie zu treffen zwischen dem Mangel an Ordnung und dem Mangel an Unordnung.

Am Ende hatten die Anarchisten nur eine Nebenrolle gespielt, die Hüter der Ordnung dominierten. Messi und Tevez blieben nur Reservisten, Ribery schaffte es ins Finale, aber nicht in eine Hauptrolle. Und was war mit den Brasilianern? Sie wirkten alle übergewichtig, nicht nur ihr als »Pummelnaldo« verspotteter Mittelstürmer. Sie waren die Harlem Globetrotters ohne Weight Watchers, und das allein erschien in der Welt des Spitzensports als anarchischer Ausbruch.

Frag mich nicht

Yves Eigenrauch, nicht nur als Profi des FC Schalke 04, sondern auch als Rolf-Dieter Brinkmann der Bundesliga bekannt, verdanke ich eine so wichtige wie bedenkliche Einsicht. Wenn man ihn nämlich nach einem Bundesligaspiel, in dem er gerade mitgekickt hatte, fragte, wie denn dieses gewesen sei, sagte er stets den schönen Satz: »Ich habe keine Ahnung von Fußball!« Das war weder kokett noch hat es mit einer Selbststilisierung als Exot seiner Branche zu tun – wenn man sich auch vorstellen kann, dass seine Mannschaftskameraden über den Lounge-Style ihres Kollegen manchmal sehr verwundert waren. Yves Eigenrauch legte einfach überzeugend dar, dass er auf dem Feld konzentriert seinen Arbeitsbereich beackert und somit nur einen Ausschnitt des Ganzen mitbekommen hätte, über das er insgesamt keine Auskunft geben könne, also: »Frag mich nicht!«

Irgendwann, es muss inzwischen fast drei Jahrzehnte her sein, hatte die aktuellste Parole in der Sportberichterstattung geheißen: runter von den Tribünen. Die damalige New School der Reporter begann, sich mit denen zu unterhalten, über die sie berichteten, und es in ihren Artikeln auch zu benutzen. Seitdem ist die Zahl derer, die das tun, sprunghaft gewachsen, sodass sich heute nach großen Fußballspielen Szenen abspielen, wie sie der Beobachter von Wahlkampfabenden kennt. Kameraleute rammen sich gegenseitig die Ellbogen ins Jochbein, und lange Arme strecken kleine Diktiergeräte in Richtung der Helden des Tages, um wertvolle Zitate zu erhaschen.

Leider sind in Wirklichkeit die meisten dieser Äußerungen komplett uninteressant, denn, da hat Yves Eigenrauch völlig recht, die meisten Spieler haben halt keine Ahnung von Fußball. Voraussehbar ist ihr Gerede zudem. Mit großer Andacht lauschte ich einst einem Kollegen, der Andy Möllers Diktion und Tonfall perfekt imitieren konnte. Der wahre Möller fiel anschließend dagegen ab.

Eine schöne Entwicklung im Medienzeitalter ist auch die beliebt gewordene Antwort: »Das muss ich mir erst mal im Fernsehen angucken.« Diese geben inzwischen nicht nur der Vielfliegerei verdächtige Elfmeterschinder, sondern auch schusselige Verteidiger bei Klärung der Schuldfrage angesichts von Gegentoren. Und wenn man einwendet, dass sie doch direkt an der Szene beteiligt waren, zucken sie die Schultern: »Es ging alles so schnell.«

Im besseren Fall verfügen die Kicker über Erfahrung. Das ist ein Unterschied, und den Hinweis darauf verdanke ich ebenfalls Yves Eigenrauch, dem feinen Denker wie rauen Kicker im königsblauen Trikot.

Weil das aber so ist, wie es ist, und die Welten des unfreiwilligen Humors auch längst kartographiert sind, lieben Journalisten inzwischen jene Spieler, die bewusst lustige Sachen erzählen. Der Terminus technicus dafür ist: mal einen Spruch raustun. Ziemlich beliebt war etwa bei Schalke lange Zeit Jörg Böhme, der zu Kalauern neigt. Auf die Frage, wie man am besten sein Geld anlegen sollte, sagte er: »In Alkohol – da gibt es die meisten Prozente.« Har, har! Ein anderer Dauerbrenner feinsinnigeren Humors war Richard Golz, der langjährige Torhüter des SC Freiburg, dem fast nach jedem Spiel ein hübsch ziseliertes Bonmot gelang. Wieder einmal nach dem studentischen Element im Team befragt, antwortete er: »Vor lauter Schopenhauer lesen kommen wir gar nicht mehr zum Trainieren.«

Bedeutet das alles nun im Umkehrschluss, dass Reporter wie dereinst oben auf der Tribüne bleiben und den Spielern erklären sollten, wie ihr Kick gewesen ist? Nun gut, ich sag' mal: Manchmal wäre das schon besser.

Der schöne Tanz mit den Hässlichen

Der Wunsch, ein Lob des Verteidigens zu versuchen, folgt keinem großen Plan und keiner grundsätzlichen Revision, sondern nur einer momentanen Stimmung. Denn eigentlich habe ich Verteidiger noch nie gemocht. Sie stehen im Weg herum und versuchen zu verhindern, was beim Fußball am meisten Spaß macht: Tore zu schießen. Der Verteidiger ist derjenige, »der beim Ball immer mit der Hässlichsten tanzen muss«, sagt Cesar Luis Menotti, der große argentinische Trainer-Schwadroneur.

Vielleicht liegt es daran, dass Verteidiger viel häufiger Schnauzbärte hatten als alle anderen Spieler. Gibt es einen Zusammenhang zwischen dem Wunsch, Tore zu verhindern, und dem, über der Oberlippe behaart zu sein? Oder haben diese Männer ihr Leben einem strengen Realismus und der Idee gewidmet, dass man gestellte Aufgaben bewältigen muss? Ich weiß es nicht, denn ich verstehe Verteidiger nicht. Der Einzige, den ich je geliebt habe, hieß Gerd Wiesemes. Er spielte zu Beginn der siebziger Jahre bei Westfalia Herne, und wenn man ihn aus der damaligen Zeit ins Heute versetzen würde, hätte das einen ähnlichen Effekt wie das erste Auftauchen der Dinosaurier in »Jurassic Park«. Wiesemes hatte keinen Schnauzbart, aber beeindruckende Koteletten – und noch viel imposantere Oberschenkel. Sie waren doppelt so dick wie die von Gerd Müller. »Der geht zum Training Eisenbahnschwellen treten«, sagte mein Onkel über Wiesemes. Mein Onkel sagte immer so komische Sachen, etwa, dass ein anderer Spieler von Westfalia nur einen Kopf hätte, damit kein Wasser in den Hals läuft.

Wiesemes gab mir ein Gefühl der Sicherheit. In seiner holozänartigen Massigkeit war er mein Garant dafür, dass hinten schon nichts anbrennen würde. Dass ich mir keine Sorgen machen musste, selbst wenn der furchterregende Darius Scholticzyk von den Sportfreunden Siegen auflief, der als Stürmer das monsterhaft passende Äquivalent zu Wiesemes war. Kam es zwischen den beiden zu einem Pressschlag, knallte es wie bei einem Bombentest, und ich wunderte mich, dass der Ball diese Begegnung unbeschadet überstand. Wiesemes repräsentierte ein Urmodell des Verteidigens, das heute keine Rolle mehr spielt, wo man von den Sicherungskräften längst eine gute Technik und sauberes Passspiel erwartet. Wiesemes war rohe Kraft und humorlose Entschlossenheit, aber er war der Beschützer des Tores und ich ihm deshalb zu Dank verpflichtet.

Heute, wo dieses Beschützen als ein über den ganzen Platz gespanntes Sicherheitsnetz kollektiviert ist, in dem fast alle Spieler verwoben sind, ist Verteidigen eine Kunstform. Das Land, in dem sie besonders gepflegt wird, ist Italien. Italienische Verteidiger haben meistens keine Schnäuzer, sondern sehen so gut aus wie ihre Kollegen im Sturm. Wahrscheinlich, weil sie in Italien keiner niederen Kaste angehören.

Es hat etwas Kontemplatives, italienischen Mannschaften in ihrem Bemühen zuzuschauen, das Spiel des Gegners zu unterbinden und den besten Stürmern der Welt keine Torchance zu geben. Und es gibt Tage, an denen mich das mit großer Zufriedenheit erfüllt. Dann finde ich es nicht hässlich, sondern die Idee beruhigend, ein Spiel nicht zu verlieren, statt es gewinnen zu müssen. Dann ist die Welt voller schützender Kräfte, die ihre ganzen spielerischen Fähigkeiten der großen Aufgabe unterordnen, kein Tor zu kassieren. Die all ihr Denken allein auf dieses Ziel ausrichten und dabei zu größten Verfeinerungen kommen. Dann erliege ich dem Zauber von Allessandro Nesta, möchte Fabio Cannavaro bejubeln oder Jaap Stam, die Wiedergeburt von Gerd Wiesemes aus dem Geist des 21. Jahrhunderts. Dann kann mir Menotti den Buckel runterrutschen, und ich schaue mir nochmal das Tackling von Frank de Boer gegen Ronaldo im Halbfinale der WM in Frankreich an. Gab es je ein besseres? Doch auch diese Tage gehen vorbei, und dann geht es doch wieder um jene, die mit dem Ball am schönsten tanzen.

Ailton zieht der Kuh am Schwanz

Ailton entwickelte sofort echte Begeisterung dafür, mir zu zeigen, wie man ein Rind am Schwanz festhält. Er zog dazu seine Jeansjacke aus und erklärte deren Ärmel zum Kuhschwanz, um die verschiedenen Grifftechniken vorzuführen. Mal fasste er die Hand linksherum, mal rechts, aber immer hielt Ailton dabei den Ärmel, der den Schwanz darstellte, so fest es ging. Darum geht es bei der Vaquejada nämlich, einer im brasilianischen Norden sehr beliebten Form von Rodeo, in der der Stürmer richtig gut ist. Das behauptete er jedenfalls, als er mir den Grundriss einer Arena für Vaquejada aufzeichnete.

Auf der rechten Seite sind die Tribünen für die Zuschauer, auf der linken Seite die Gatter für die Tiere, dazwischen ist eine Bahn, an deren Kopfende das Rind die Arena betritt. Dort warten zwei Cowboys, die es zwischen sich nehmen. Einer treibt das Rind in die Spur, der andere hält sich mit der linken Hand am Hals seines Pferdes fest und schnappt sich dann mit der rechten Hand den Schwanz des Rindes, als wär's der Ärmel einer Jeansjacke. So wird es auf eine neun Meter breite Zone zugetrieben, wo der Cowboy das Rind herumreißen muss. Das Ganze sollte in hohem Tempo vonstatten gehen, denn nur dann bringt man ein so großes Tier mit einem Ruck zu Boden. Das wäre wie beim Fußball, erklärte Ailton, wer schnell laufen würde und dabei einen Schubser bekäme, würde weit fliegen. Dazu verwirbelte er erklärend seine Hände, und so langsam wurde Ailton mir richtig sympathisch.

Erwartet hatte ich das nicht, die Aussicht auf ein Interview mit ihm hatte mich alles andere als in Begeisterung versetzt. Ich hatte es bereits ein halbes Jahr zuvor einmal mit ihm versucht, was sich damals als ziemlich unergiebig erwies. In meinem Kopf hatte sich anschließend ein Bild von Ailton verfestigt, nach dem er das ist, was man früher schlicht einen Dummkopf nannte. Die Intelligenz einer Hausstaubmilbe hatte ich ihm sogar irgendwann schlecht gelaunt attestiert, als er wieder mal »Das isse Ailton« gesagt hatte, nachdem er ein Tor erzielt hatte.

Dem Treffen mit ihm hatte ich auch deshalb mit Grausen entgegengesehen, weil das Interview für eine ausländische Zeitschrift geführt werden sollte, die vor allem Wert darauf legt, dass die Fußballspieler sehr ausführlich zu Wort kommen. Weil Ailton meiner Erinnerung nach jedoch nie etwas Erinnerungswürdiges über Fußball gesagt hatte, war es mir ratsam erschienen, die Gesprächsthemen auch auf die Freuden des nordbrasilianischen Landlebens auszuweiten. Erfreulicherweise war ein Dolmetscher dabei, der teilweise gar nicht mitkam, so enthusiastisch sprach Ailton über seine Passion, der »Kuh«, wie er zwischendurch auf Deutsch sagte, am Schwanz zu ziehen.

Das Reden über die Vaquejada führte zu den schwierigen Anfängen seiner Karriere. Ailtons älterer Bruder, der selbst Fußballprofi war, hatte sein Talent erkannt, doch als der junge Stürmer erstmals sein Heimatdorf verlassen musste, kam er nach zwei Tagen wieder zurück. Ailton erzählte vom Heimweh und wie seine Mutter ihn überredet hatte, doch wieder zum Proficlub in die große Stadt zu gehen. Immer mehr vergaß er, während er so sprach, seine übliche Aufführung »Fußballstar Ailton«. Denn nicht nur sein Stummel-Deutsch lässt ihn sonst so beschränkt erscheinen, mehr noch sind es seine abgeschauten Posen eines coolen Stars. Vielleicht glaubt Ailton, dass er auf diese Weise die Erwartungen des Publikums bedient, vielleicht aber sind es auch nur seine eigenen.

Nun aber, einen Moment lang selbstvergessen, erkannte man den netten Kerl, weshalb ich Ailton, wenn er mal wieder irgendwo seine schlechte Aufführung vom Fußballstar Ailton macht, im Geiste der Kuh am Schwanz ziehen lasse.

Die Geburt des Bösen

Als ich im Spielbericht einer Tageszeitung darüber las, dass ein Spieler theatralisch zu Boden sank und daraufhin ein anderer völlig zu Unrecht vom Platz gestellt wurde, musste ich sofort an Peter Loontiens denken und würde hier gerne mit der gewagten Bemerkung reüssieren, dass mit ihm das Böse in die Welt gekommen ist. Allerdings stimmt das nicht, denn dort ist es schon länger – spätestens seit dem 16. Mai 1973.

Damals saß ich gemeinsam mit meinem Vater vor dem Fernseher, und wir schauten uns an, wie der AC Mailand das Europapokalfinale der Cupsieger mit 1:0 gegen Leeds United gewann. Das Spiel war ein neunzigminütiger Blick in die Abgründe des Fußballs, wo es allein um den Sieg geht und alle Mittel auf dem Weg dorthin gerechtfertigt scheinen. Die Italiener waren einerseits darauf bedacht, die Kombinationen der Gegner zu zerstören, und verbrachten ansonsten einen überwiegenden Teil der Zeit damit, sich auf dem Rasen herumzuwälzen und Verletzungen zu simulieren, die ihrer Gestik zufolge nur von Autocrashs und Flugzeugabstürzen herrühren konnten. Es war widerlich, aber unsere Proteste verhallten ungehört im Wohnzimmer, und Milan wurde für diesen Zynismus auch noch mit dem Titel belohnt.

Dass diese Art von Schauspielerei in der Folge keine italienische Angelegenheit blieb und die Schwalben auf der Suche nach dem Pfiff des getäuschten Schiedsrichters in wachsender Zahl auch durch deutsche Strafräume segelten, ist eine gerne diskutierte Entwicklung, bei der Peter Loontiens eine zu wenig beachtete Zwischenetappe markiert. Dieser heute längst vergessene Profi verdiente zwischen 1983 und 1986 drei Spielzeiten lang sein Geld beim damaligen Bundesligisten Bayer Uerdingen, wo er durchaus regelmäßig zum Einsatz kam, nachdem er es zuvor in Mönchengladbach nicht zum Stammspieler geschafft hatte. Loontiens entsprach vom Äußeren her in etwa dem Leverkusener Carsten Ramelow, war also ein hellhäutiger Blonder, trug aber der damaligen Mode folgend einen Oberlippenbart.

Die wesentliche Qualität des blassen und offensichtlich sehr leichten Stürmers bestand darin, sich bei jeder Gelegenheit den Kräften der Erdanziehung hinzugeben. Er war, um es schonungslos offen zu sagen, ein Spezialist im Schinden von Freistößen und Elfmetern, dessen notorische Fallsucht damals nicht so auffiel, weil noch nicht allerorten und stets Überwachungskameras am Spielfeldrand standen. Trotzdem hat sich der Name Loontiens nicht nur in meiner, sondern auch in der Erinnerung meines Freundes Kurt tief eingebrannt, die wir, obwohl Anhänger unterschiedlicher Vereine, Opfer Loontien'schen Hinsegelns geworden waren, in Folge derer wir frustriert aus der sowieso schon deprimierenden Grotenburg-Kampfbahn in Krefeld nach Hause ziehen mussten.

Kurt kann sich noch heute daran erinnern, »dass Loontiens so dünne Haare hatte und so hektisch war«. In unseren Reihen hätten wir ihn aber auch mit schönerem Haar nicht haben mögen, denn selbst die größte Verblendung sorgt nicht dafür, dass Anhänger von Fußballclubs auf solche Weise zum Erfolg kommen wollen. Einen unberechtigten Strafstoß nimmt man gerne mal mit oder eine irregeleitete Dezimierung des Gegners. Aber mit System betrieben, nein, da funktioniert ein archaisches Gefühl für Fair Play. Außerdem, um es nicht zu moralisch werden zu lassen, gleicht sich doch alles aus, und am Ende fällt das Böse wieder auf einen zurück. Milan musste zwischendurch auch in der zweiten Liga Buße tun, und wo ist Uerdingen eigentlich geblieben.

Für immer jung

Schön, dass ich beim Neujahrsempfang von Borussia Mönchengladbach am Tisch von Christian Hochstätter sitzen durfte, denn der damalige Sportdirektor des Clubs ist nicht nur ein Mann interessanter Ansichten, er kann auch gut Geschichten erzählen. Weil die Borussia vom Niederrhein ein zutiefst bürgerlicher Club ist, saßen wir bei mehrgängiger Speisenfolge an Tischen mit gestärkten Decken und Namensschildchen eher vornehm zusammen. Trotzdem entspann sich schnell eine angeregte Diskussion über die Ausbildung von Fußballtalenten, und später erzählte Hochstätter lustige Geschichten aus seinem vergangenen Leben als Fußballprofi.

So wurde, als Jupp Heynckes erstmals Trainer der Borussen war, freitags vor Heimspielen stets Kinogeld verteilt. Damit ausgestattet, zogen die Filmfreunde im Team gemeinsam los, um am Abend vor dem Spiel ins Kino zu gehen. Oder genauer: Sie taten es nicht. Nur Jungprofi Hochstätter saß vor der Leinwand, nachdem er seine Kollegen bei ihren Frauen, Freundinnen oder Geliebten abgeliefert hatte. Nach dem Kino sammelte er sie wieder ein und erzählte auf dem Rückweg noch schnell den Film, damit sie auch was zu sagen hatten, wenn Heynckes fragte, wie es denn gewesen wäre.

Man muss sich das Leben von Profifußballmannschaften wohl wie eine Verlängerung der Pubertät vorstellen. Die Gruppendynamiken entsprechen ungefähr denen von Schulklassen, und ähnlich schlicht ist der Humor strukturiert, weshalb immer wieder etwas eine Rolle spielt, das man am besten mit dem altväterlichen Begriff »Streiche spielen« umschreibt. Und in Mönchengladbach war ein großer Streichespieler offensichtlich »der Miller«, wie Hochstätter den Stürmer nannte, den wir alle als Frank Mill kennen. Der Miller also schickte einmal einen Spieler, der zum Probetraining gekommen war und sich dazu umziehen wollte, aus der Kabine in einen Nebenraum, der dafür vorgesehen sei. Der junge Mann fand dort auch einen Trainingsanzug vor und zog ihn an, als die Tür aufflog und Heynckes empört rief, was er denn im Trainerzimmer machen würde.

Da lachten wir herzlich, und noch manche Dönekes dieses Zuschnitts erzählte Hochstätter mit Vergnügen, obwohl er der Pubertät der Profis längst weit entwachsen ist. So was gibt es heute einfach nicht mehr, stellte der Manager trotzdem ein wenig traurig fest. Das stimmt nicht ganz, wenn man sich daran erinnert, dass Bastian Schweinsteiger als Jungprofi beim FC Bayern mal seiner »Kusine« des Nächtens die Sauna auf dem Vereinsgelände »gezeigt« hatte. Aber insgesamt hat Hochstätter schon recht, ewige Juvenilität geht nicht mehr.

Dazu ist die ganze Angelegenheit viel zu ernst geworden, und wer schmiert schon mittwochs vergnügt Zahnpasta auf Türklinken, wenn ständig signalisiert wird, dass samstags Überlebenskämpfe zu bestreiten sind. Also gibt es heute für Profis keinen Pubertätszuschlag mehr. Und wenn doch, dann in ganz anderer Form, wie Hochstätters ehemaliger Mannschaftskamerad Jörg Neun erleben musste, als er bei einem benachbarten Zweitligisten gemütlich dem Ende seiner Karriere entgegenkickte. Dort übernahm ein neuer Coach, dessen Trainingsbeginn früh um acht Jörg Neun schon arg grenzwertig fand. Noch schlimmer war es aber, morgens auf einem Bein stehend mit der rechten Hand am linken Ohrläppchen ziehend die Energien zu wecken. Irgendwann wurden er und seine Kollegen von ihrem esoterischen Trainer bei einem Waldlauf dazu aufgefordert, sich jeder einen Baum suchen, ihn zu umarmen und seine Kraft zu spüren. Das war für Neun, der in seiner Karriere bestimmt viel Unsinn gemacht hatte, des Guten zu viel. Unter diesen Bedingungen mochte er kein Fußballprofi mehr sein. Bäume umarmen, nein danke! Er gab seinen Vertrag zurück, hörte mit dem Fußballspielen auf und begann endlich ein Erwachsenenleben.

Die Kunst des Freistoßes

Es war in jenem Sommer, der kein deutsches Fußballmärchen war, sondern ein brasilianisches, als ich etwas widerwillig nach Frankfurt zum Training der Seleçao fuhr. Fußballspieler bei ihrer täglichen Arbeit zu beobachten ist nämlich ein eher spezialistisches Vergnügen, selbst wenn es sich um die brasilianische Nationalmannschaft handelt. Meistens ist es langweilig, und das war es auch an diesem Tag zwischen den Spielen im Confederations Cup, den Brasilien später triumphal gewinnen sollte. Eher mäßig interessiert bewegten sich die Spieler über den Platz, um sich nach einem knappen Stündchen schon wieder in die Umkleidekabine aufzumachen. Einige blieben unterwegs stehen und sprachen Nichtssagendes in die Mikrophone, die ihnen aus einem Menschenknäuel am Drängelgitter entgegengehalten wurden.

Es schien ein vertaner Nachmittag zu sein, als ich aus dem Augenwinkel sah, dass einige Spieler noch auf dem Platz geblieben waren. Sie übten Freistöße, was normalerweise ebenfalls nicht sonderlich unterhaltsam ist, denn die Schusskünste der meisten Fußballprofis sind nicht so gut, dass sie den Zuschauer damit zu fesseln vermögen. Doch an diesem sonnigen Sommertag des Jahres 2005 im Stadion am Brentanobad in Frankfurt war das anders, denn bald entwickelte sich eine Disputation über die Kunst des Freistoßschießens.

Es gibt viele Möglichkeiten, einen Freistoß ins gegnerische Tor zu befördern, und hier waren sie alle zu sehen, und zwar auf idealtypische Weise. Der bullige Julio Baptista, genannt »La Bestia«, etwa drosch sie mit einer solchen Urgewalt auf das Tor, dass man selbst um die Unversehrtheit der stummen Diener aus Plastik fürchten musste, die als Freistoßmauer herhielten. Ähnlich war es bei Roberto Carlos, der beim Confederations Cup acht Jahre zuvor gegen Frankreich einen der schönsten Freistoßtreffer aller Zeiten erzielt hatte, als er den Ball mit irrer Geschwindigkeit um die Mauer herum geschossen hatte. Dieser Treffer machte damals auf die veränderte Hardware neu beschichteter Bälle aufmerksam, denen man einen scharfen Drall versetzen kann, ohne auf Geschwindigkeit zu verzichten. Insofern waren die Übungen von Roberto Carlos auf dem Frankfurter Trainingsplatz auch als Erweiterung des Gewaltmodells von Julio Baptista zu sehen.

Mit der Kraft, die Roberto Carlos aus seiner mächtigen Oberschenkel- und Wadenmuskulatur holte, konnte Ronaldinho selbstverständlich nicht mithalten. Der beste Spieler der Welt schoss seine Freistoßserie, wie es seiner Leichtigkeit und seinem Einfallsreichtum entsprach. Es war nicht auszumachen, ob er rechts oder links an der Mauer vorbeischießen würde oder über sie hinweg. Mal visierte er das kurze Eck an, mal das lange. Der Torwart konnte sich auf keine Variante einstellen, denn immer wieder fand Ronaldinho eine neue Lösung.

Es war kaum vorstellbar, dass Freistöße noch besser geschossen werden können, doch ein kleiner Mann mit strubbeligem Haar und leicht melancholischem Aussehen bewies das Gegenteil. Juninho Pernambucano macht stets einen etwas traurigen Eindruck, denn über seinem Leben als Fußballspieler liegt der Schatten Ronaldinhos. Ohne ihn würde Juninho in der brasilianischen Nationalmannschaft häufiger glänzen können, doch so bleibt dem Spielgestalter von Olympique Lyon die Rolle des Mannes hinter Ronaldinho vorbehalten – außer bei Freistößen.

Wie Ronaldinho schoss er sie auf alle Arten, nur waren seine Schüsse noch präziser und seine Torquote höher. Längst saß ich weltvergessen auf der Tribüne und mochte nicht glauben, dass man Freistöße in solch großer Zahl so gut schießen konnte, als Juninho auch das letzte Wort hatte. Er schoss den Ball über die Mauer, und dahinter fiel er von einer imaginären Hand gestoppt vor der Torlinie herunter und sprang erst noch einmal auf, bevor er ins Netz rollte. Das hatte ich noch nie gesehen, und sogar Juninho lächelte für einen Moment zufrieden. Dem großen Buch der Freistoßkunst hatte er ein neues Kapitel hinzugefügt und ging wortlos in die Kabine. Ich hingegen schwor mir, häufiger zum Training zu gehen, jedenfalls zu dem der Brasilianer.

Auswärtsspiele

Hundert Elefanten im Stadion

Leider werde ich meine neue Lieblingsfußballzeitschrift kaum noch zu lesen bekommen. Sie erscheint zwar weiter regelmäßig an jedem Mittwoch, bedauerlicherweise aber im fernen Südafrika. Und in die Welt hinausgeliefert wird *Soccer Laduuuuuma!*, die wohl einzige Zeitung auf diesem Globus mit einem fünffachen »U« im Namen, nicht. So werden mir fortan Woche für Woche wunderbare Interviews entgehen, die von einer beispielhaften Nähe zwischen Fragern und Befragten zeugen. »Hi Stevie, wir gehen mal davon aus, dass es dir gutgeht«, ist so ein Gesprächsauftakt von prototypischem Reiz. Eine schöne erste Frage ist auch das schlichte »Was geht so ab?«.

Von diesen Einstiegen könnte man sich hierzulande mal 'ne Scheibe abschneiden. »Hallo Poldi, alles in Ordnung mit dir?« würde gleich für eine ganz andere Gesprächsatmosphäre sorgen. *Soccer Laduuuuma!* jedenfalls ist auf diese Weise zur auflagenstärksten Fußballzeitschrift im Land der Weltmeisterschaft 2010 geworden. »Laduma!« ist übrigens das Zulu-Wort für »Donner« und wird von den Radio- und Fernsehreportern dann gerufen, wenn ein Tor gefallen ist. So ist »Laduuuuuma« das südafrikanische Gegenstück von »Goooool«, was die Männer an den Mikrophonen aber in zumeist gespenstisch leere Stadien rufen. Denn sosehr der schwarze Südafrikaner den Fußball liebt, so entschlossen lehnt er den Besuch im Stadion ab.

Mein südafrikanischer Kollege Mark stellte mir sogar ungeheure Reichtümer in Aussicht, wenn ich die Formel finden würde, mit der man die Fußballbegeisterten ins Stadion holen könnte. Denn abgesehen von den Spielen der Nationalmannschaft und denen der beiden Giganten aus Johannesburg, Orlando Pirates und Kaizer Chiefs, sind die Stadien sonst leer. Was übrigens fast wörtlich zu nehmen ist, wenn zum Abstiegsderby zwischen dem FC Santos und den Manning Rangers aus Durban an einem wunderbaren Freitagabend ins Athlone Stadion von Kapstadt gerade mal 400 Zuschauer kommen. Trotzdem nennt sich der FC Santos trotzig »The People's Club«, verbietet seinen Peoplen aber den Genuss von Alkohol im Stadion, denn schon seit vielen Jahren wird der Club von einer muslimischen Familie geführt. Beim Lokalrivalen Ajax gibt's zwar Bier, trotzdem bleiben 39.000 von 40.000 Plätzen im Stadion unbesetzt.

Für eine Art akustische Fülle sorgt jedoch die Vuvuzela, das Symbol des südafrikanischen Fußballs. Seit Mitte des letzten Jahrzehnts ist dieses im weitesten Sinne Musikinstrument in allen Stadien des Landes zu hören. Ja, es gilt der Regenbogen-Nation sogar als eine ihrer originären Hervorbringungen, um deren Ursprung sich allerlei Mythen ranken. Sogar eine Kirchengemeinde beansprucht die Erfindung der Vuvuzela für sich, wie sie andererseits auf prächristlich rituelle Nutzung eines Antilopenhorns zurückgehen soll. Dabei handelt sich bei der Vuvuzela eigentlich um nicht mehr als eine unterarmlange Tröte aus Plastik oder Blech, die aber verblüffend laut ist.

Sie erzeugt ein Tuten, das dem Tröten eines Elefanten ähneln soll, auf das aber auch so mancher Ozeandampfer neidisch wäre. Angeblich ist Vuvuzela ein Zulu-Wort und bedeutet »Krach machen«. Es gibt aber auch die Übersetzung »gut gemacht«, was einen gewissen Sinn für Ironie verraten würde, denn was sollte gut gemacht daran sein, mit ein paar hundert Elefanten oder Ozeandampfern im Stadion zu sitzen. Vielleicht ist der Fußball auch wegen dieses Getutes in seiner Qualität eher bescheiden, und es fallen so wenig Tore. Denn schon beim Zuschauen wird man davon gelähmt, wie sollte es den armen Spielern anders gehen? Dass die heimischen Zuschauer zum eifrigen Gebrauch der Vuvuzela angehalten werden, um den Gegner zu verunsichern, und dabei dem alten Sinnspruch »Der Affe wird durch viel Krach erlegt« folgen, ist ein Irrweg. So steht auch die nächste WM in der Gefahr, weggeblasen zu werden, denn 2010 soll die Vuvuzela zum offiziellen Instrument der Endrunde werden.

Eurovision 2000

Campione, Campione, Olé, Olé, Olé. Hallo, können Sie mich noch verstehen? Campione, Campione, Olé, Olé, Olé. Ziemlich laut hier, haben Sie auch schon Ohrenschmerzen? Campione, Campione, Olé, Olé, Olé. Kann es sein, dass die hier im Stadion Lautstärke mit Stimmung verwechseln? Campione, Campione, Olé, Olé, Olé. Wie bitte? Simply the best, better than all the rest. Vielleicht sind die auch auf ihre Lautsprecher stolz. Simply the best, better than all the rest. Jetzt würde man sich ein Hörgerät wünschen und es einfach ausmachen. Simply the best, better than all the rest. Aber dann könnte man nicht mehr miteinander reden. We will, we will rock you. Geht doch sowieso nicht. We will, we will rock you. Offensichtlich gibt es nur fünf Songs, die immer wieder gespielt werden müssen. We will, we will rock you. Vielleicht ein Sponsordeal. It's the final countdown. Was? It's the final countdown. In Den Haag gibt es doch diese Menschenrechtskommission. It's the final countdown. Ich habe noch nie was von einem Recht auf unbeschädigte Ohren gehört. No time for losers, 'cause we are the champions. Ich fordere ein Gesetz gegen die unlautere Beschallung! No time for losers, 'cause we are the champions. Das wär' toll, dann geht es den Euro-DJs an den Kragen. No time for losers, 'cause we are the champions. In England gab es wenigstens noch »Football is coming home«. No time for losers, 'cause we are the champions. Aua! Hier hämmern sie lieber, statt zu ergreifen. Campione, Campione, Olé, Olé, Olé. Können Sie sich noch an die Zeiten erinnern, als Fans vor den Spielen selbst gesungen haben? Campione, Campione, Olé, Olé, Olé. Hä? Campione, Campione, Olé, Olé, Olé. Gott sei Dank, jetzt kommen die Mannschaften, dann wird wenigstens die Musik abgestellt.

Heut lass ma' rennen unser'n Schmäh

Zum Ausflug in die bessere Welt sollte man die Straßenbahn nehmen, oder die Tram, wie der Wiener sagen würde. Sie schlängelt sich aus der Innenstadt in Richtung 17. Bezirk, und wenn man an der Haltestelle Hernals aussteigt, leuchtet einem schon einer der Flutlichtmasten den Weg zum Stadion. Es steht ihm nur ein zweiter Mast gegenüber, aber gleißender muss die Beleuchtung auch nicht sein, denn beim Wiener Sportclub in der Regionalliga Ost geht es gemütlich zu.

»Die Patina hat in der europäischen Geistesgeschichte stets Fürsprecher gefunden«, schreibt der norwegische Autor Vettle Lid Larssen. »Nicht nur die Romantiker verehrten das Überwucherte, Verbrauchte, Organische. Die Zeit selbst ist immer als Wert empfunden worden. Dass etwas alt war, verlieh ihm eine gewisse Qualität. Ein Werk, ein Gebäude, ein Mensch hatte seinen eigenen Wert – und außerdem den Wert, den die Zeit hinzutat.« Auch in einem Fußballstadion kann die Zeit etwas hinzutun. Seit 1904 wird auf dem Sportclub-Platz Fußball gespielt, so lange wie sonst nirgends in Österreich. Die Ränge sind so eng ins Viertel eingepasst, dass die Nachbarn vom Balkon problemlos auf den Rasen schauen können. Das Stadion hat unterschiedliche Zeitschichtungen, hinter einem Tor etwa steht eine große, halbmoderne Sitztribüne, die aber zum Spiel gegen Eisenstadt nicht geöffnet wird. Überwuchert, verbraucht und gesperrt hingegen sind die Stehplatztraversen am Fuße der Balkons mit der guten Sicht. Auch die hölzernen Bänke auf der kleinen Haupttribüne geben den Kampf gegen die Zeit langsam auf, und doch ist es kein morbides Erlebnis, hier zu sein. Denn es gibt ein Leben auf der Friedhofstribüne, die wirklich so heißt, weil auf der anderen Straßenseite der Friedhof Dornbach beginnt und sich den Hang des Schafbergs hinaufzieht. Dort liegt auch einer der Größten des österreichischen Fußballs begraben: Ernst Happel.

Auf der Friedhofstribüne stehen die meisten der elfhundert Zuschauer, es wird hier heiterer Laune viel gesungen, gern auf Englisch. Aber auch die Tradition des Sportclub-Marschs gepflegt, der zugleich schöne Fußball-Lyrik ist: »Die Dornbacher Buam san heut wieder in Form, san heut wieder beinand, allerhand. Der Tormann ein Jass, die Verteidigung klass, Läufer, Stürmer nach vor, noch ein Tor! Heut lass ma rennen wieder unsern Schmäh – und ganz Hernals ist in der Höh' – wir stürmen bei Sonne, bei Regen und Eis für unsere Farben Schwarz-Weiß!«

Dazu schmecken Krügerl leckeren Bieres von der Holzbude, die als »Kantine« annonciert ist. Angenehm gemischt ist das Publikum, das nicht nur einen studentisch linken Einschlag hat. Es gibt auch Ältere, darunter eine Nervensäge, die nach jedem Tor, das der einzige blinde Stadionsprecher Europas ansagt, laut herumkräht: »Sportclub vor, noch ein Tor!« Daneben speicheln Pubertierende die Stufen der Friedhofstribüne mit Spucke ein und werden daran nicht einmal gehindert, obwohl sie provozierend einen Schal von Rapid tragen.

So liegt zwar Patina über dem Sportclub, aber der Verein ist nicht von einer Geschichte überwältigt, die ihn mit ihrer Größe im Griff hält. In den fünfziger Jahren holte der Sportclub drei Meistertitel nach Hernals, es gab 1958 einen legendären 7:0-Sieg über Juventus Turin im Europapokal der Landesmeister und ein Jahr später den Zuschauerrekord gegen die Austria, der seither bei 15.000 Fans steht. Ein Gigant des österreichischen Fußballs ist der Sportclub nicht und musste in den neunziger Jahren von seinen Fans vor dem Untergang gerettet werden. Seither dominiert eine eher österreichisch entspannt linke Szene den Club. Man könnte auch von Indie-Rock-Fußball sprechen, denn in der Stadiongaststätte unter der Friedhofstribüne läuft nach dem Spiel Tocotronic. Doch weil Eisenstadt fünf Dinger gekriegt hat, muss vorher noch der Kirchentagsklassiker »Danke« angestimmt werden. Also: »Danke für diesen schönen Spieltag, danke für diesen Sportclub-Sieg, danke, dass wir zum Fußball gehen und nicht zu Rapid.«

Das dunkle Königreich

Ich wollte einen Freund im Südosten von London besuchen, wo ich zuvor nie gewesen war, doch als ich in New Cross den Bus verließ, war ich entsetzt. Die Häuser waren in einem verheerenden Zustand, die Straßen voller Müll, und einige Schritte von der Haltstelle entfernt brannte eine Öltonne, an der sich Jugendliche wärmten. Es sah aus wie der Drehort für ein Hip-Hop-Video, nur ohne jeden Zauber, und Angst lag in der Luft.

Es war bereits dunkel, und ich bin nicht sonderlich mutig. In diesen Straßen mochte ich die Adresse nicht suchen und brach schon nach wenigen Schritten meinen Besuchsversuch ab. An der S-Bahn-Station war ich mit meiner Angst nicht allein, auf dem Bahnsteig rückten die Fahrgäste entgegen aller sonstigen Gewohnheiten zusammen wie eine Horde Schafe, die sich von Wölfen umkreist fühlt. Obwohl nichts passierte, atmete ich erst wieder auf, als der Zug ein paar Stationen gefahren war.

Im Laufe der Jahre war ich bei fast allen Profliclubs in London, nicht nur bei den Großen von Arsenal, Chelsea, Tottenham oder West Ham, sondern auch bei den Verlierern von Leyton Orient oder dem netten FC Brentford. Ich sah Spiele der Queens Park Rangers im Stadion an der Loftus Road und verbrachte sonnige Nachmittage beim FC Fulham, als er noch ein vergessener Drittligist war. Nur zum FC Millwall schaffte ich es nie. Keiner meiner Freunde und Bekannten legte gesteigerten Wert darauf, mich zu dem Club zu begleiten, dessen Stadion unweit der Haltestelle ist, von der ich vor anderthalb Jahrzehnten so eilig geflohen war.

Die lesenswerte österreichische Fußballzeitschrift *Ballesterer* hat dem FC Millwall mal ein 25-seitiges Spezial gewidmet, was zunächst verblüffend ist, weil der Club nie einen Titel gewonnen und gerade einmal zwei Spielzeiten in der höchsten Klasse verbracht hat. Doch Millwall ist das dunkle Königreich des Fußballs, der Club steht für die Unterseite aller Emotionen, die an dem Spiel hängen, und für die Vergangenheit des Spiels.

Weltberühmt, und das ist nicht übertrieben, ist der Club mit dem brüllenden Löwen im Wappen wegen der Gewalttätigkeit seiner Fans. In Millwall gab es schon Hooliganismus, als man das noch nicht so nannte, und schlimmste Ausformungen von Fußballgewalt, als sie Mode wurde. Schon 1920 wurde nach Ausschreitungen im eigenen Stadion eine Platzsperre verhängt, und noch vor wenigen Jahren wurden bei Ausschreitungen 47 Polizisten und 26 Polizeipferde verletzt. 1985 gingen Bilder aus Luton um die Welt, als Fans aus Millwall nach einer Pokalniederlage das Stadtviertel um das Stadion verwüsteten. Wenn der FC Millwall eine Spur hinterlassen hat, ist es eine blutige.

Die Hymne der Anhänger heißt »No one likes us – we don't care« und wird nach der Melodie von Rod Stewarts »Sailing« gesungen. Diese Selbststigmatisierung ist keine leere Pose. Es mag sie wirklich niemand, so bedingungslos loyal sie auch sein mögen. Rassismus auf den Rängen gehörte hier immer dazu, und wer sich nach Millwall begab, hatte stets das Gefühl, »uneingeladen auf einer Party zu erscheinen«, wie *Ballesterer* schreibt.

Das alte Stadion lag am Cold Blow Lane, dem Weg des Kalten Hauchs; es hieß »The Den«, die Höhle der Löwen. Inzwischen gibt es einen »New Den« einige hundert Meter weiter, der nicht mehr so bedrohlich finster wie das alte Stadion ist, und der Club müht sich seit langem vorbildlich gegen den Rassismus und die Gewalttätigkeit seiner Fans. Auch die sozialen Strukturen im Viertel haben sich geändert, doch der Club des weißen Lumpenproletariats und die Heimat aggressiver Männlichkeit ist der FC Millwall geblieben.

Es fasziniert an dem Club auch heute noch der Zauber des Bösen. Der neue Fußball des kommerzialisierten Zeitalters hat die dunkle Seite des Spiels zu kappen versucht, die zweifellos zu seinen Wurzeln gehört. Der FC Millwall ist die lebende Erinnerung daran geblieben, dass es diese Wurzeln noch gibt. Doch auch heute drängt es mich nicht, sie vor Ort zu erkunden.

Unterm Eis

Europa- und Weltmeisterschaften sind immer auch eine Schule für Fans. Man kann bei den großen Turnieren etwa Schunkel-Holländer und Hüpf-Dänen studieren oder von Besoffski-Engländern wunderbare Gesänge (»Rooooney«), Schlachtrufe (»Rooooney«) und Zwischenrufe (»Rooooney«) lernen. Schweden hingegen singen mit verlässlicher Ausdauer, »Der Ball muss rein« ist besonders populär und hört sich auf Schwedisch natürlich viel hübscher an: »In med bollen!« Das war auch der Titel des offiziellen Liedes der Skandinavier bei der Euro 2004 in Portugal und wurde – Achtung: jetzt kommt eine komplett spezialistische Information – von Markoolio gesungen, der auch Schauspieler ist und in einer Verfilmung von Astrid Lindgren den Karlsson vom Dach gespielt hat.

In der Kritik am eigenen Team spielen regionale Unterschiede ebenfalls eine Rolle, und die Art und Weise der Beschwerde kann durchaus topographisch oder klimatisch geprägt sein. Bei unterirdischen Leistungen stöhnen Schweden: »Der spielt unterm Eis.« Wobei im Sommer selbstverständlich auch der letzte schwedische See aufgetaut ist und man sich über lange Tage freuen kann, um in den Wäldern Beeren zu sammeln. Falls da noch welche sind. »Es gibt keine Blaubeeren mehr«, sagt der Schwede nämlich, was jedoch nichts mit zu eifriger Sammeltätigkeit oder gar einer ökologischen Katastrophe zu tun hat. Blaubeeren sind bekanntlich klein, und angesichts der schönen Spiele bei der EM 2004 wollte er damit zum Ausdruck bringen, dass in Portugal keine kleinen Mannschaften angetreten sind.

Da staunt der Deutsche, hätte sich mit dem Schweden in einem Punkt jedoch schnell einigen können. Wo auf unseren Tribünen gerne gefordert wird, »Wir woll'n euch kämpfen sehen«, verfolgen die Schweden ein ähnliches Ideal. »Jobba, jobba, jobba« ist der am meisten gehörte Zwischenruf in Blau-Gelb. Und das heißt nichts anderes als »Arbeiten, arbeiten, arbeiten«.

Im Motel

Was ein Motel von einem Hotel unterscheidet, ist in Korea eine delikate Frage. Vor allem, wenn man sie einer jungen Frau stellt, die einen gerade auf dem Weg dorthin begleitet, weil der WM-Reisende ihn sonst nicht finden würde. Ihre Antwort, dass es in einem Motel kein Restaurant gibt, ist so verlegen halbkorrekt, wie es der Hinweis auf zwingend vorhandene Parkplätze wäre. In einem koreanischen Motel gibt es nicht nur kein Restaurant, es gibt auch keinen Schrank. Man findet keine Kommode, oder deren Schubladen sind nur Attrappen. Dafür hat ein Motel aber viele Vorteile. Im Kopfende des Bettes sind Spiegel eingebaut, es stehen größere Mengen Papiertücher bereit, und man kann sich an der Rezeption Videos ausleihen. Die Auswahl ist nicht so opulent, zur Vorbereitung auf ein WM-Spiel findet man nichts, die koreanische Variante von »Emanuelle in Venedig« ist sicherlich wenig geeignet.

Auf der erstaunlich groß dimensionierten Schachtel für Streichhölzer ist eine Telefonnummer angegeben, unter der man nette Frauen erreichen kann, um mit ihnen die stimmungsfördernden Getränke geheimnisvollen Inhalts aus dem Kühlschrank zu trinken oder einfach nur ein Glas kaltes oder heißes Wasser aus der Maschine gegenüber dem Bett. Andererseits ist die Plastikfolie unter dem Laken etwas gewöhnungsbedürftig. Dafür wird man aber im Badezimmer reich entschädigt, denn die Dusche sprüht faszinierend multifunktionell aus einer verwirrenden Vielzahl von Düsen. Es gibt sogar Motels, in denen die Bäder weit üppiger als der Schlaftrakt ausgestattet sind. Vielleicht sollte man den Unterschied zwischen einem Motel und einem Hotel zusammenfassend so erklären: Ein Motel ist ein Hotel, in dem man nicht essen kann und eigentlich nicht schlafen sollte. Während einer WM, wo die Zimmer knapp sind, darf man das. Schließlich kann man die Plastikfolie unterm Bettlaken auch entfernen und im Fernsehen vor dem Einschlafen noch etwas Fußball schauen.

Kick am Telefon

Seit dem Jahr 2003 bin ich Abonnent eines Pay-TV-Kanals, in dem ich alle Bundesligaspiele live sehen kann. Seit dem Jahr 2000 bin im Besitz eines Mobiltelefons, auf dem ich Kurzmitteilungen erhalten könnte, die mich über den Zwischenstand in der Bundesliga informieren (wenn ich nur den nötigen Dienst bestellen würde). Seit dem Jahr 1998 verfüge ich über einen Internetanschluss, der mir eine ständig wachsende Fülle von Informationen über Fußball liefert. Und seit bereits mehr als zehn Jahren habe ich einen Fernseher mit Videotext, der mir jedes Tor in der Bundesliga mit nur kurzer Verspätung nachreicht. Vorher war ich ahnungslos.

Kein Mensch, der heute unter dreißig Jahre alt ist, kann sich nur annähernd vorstellen, wie ahnungslos ein Fußballfan an einem Freitagabend des Jahres 1981 über seinen Lieblingsclub sein konnte. Damals wurden Bundesligaspiele um 19:30 Uhr oder um 20 Uhr ausgetragen, über deren Ausgang der Westdeutsche Rundfunk in seiner Sportsendung im Radio ab 21 Uhr informierte. Auch das öffentlich-rechtliche Fernsehen lieferte zu einem späteren Zeitpunkt entweder in der ARD oder im ZDF Zusammenfassungen der Freitagsspiele. Die mediale Grundversorgung war also gesichert, doch was machten vergnügungssüchtige junge Menschen, die zu Beginn des Abends ins Kino gingen und anschließend in Kneipe oder Club? Wie konnten sie die Bundesligaergebnisse erfahren, wenn sie nicht zufällig jemanden trafen, der vor Radio oder Fernsehen ausgeharrt hatte? Auf welche Weise erfuhr man in den frühen Morgenstunden eines Samstags im Jahre 1981, wie etwa das Bundesligaspiel des VfL Bochum in der Grotenburg-Kampfbahn in Uerdingen ausgegangen war?

Ganz einfach: Man rief an. Mein Telefon war grün und hatte eine Wählscheibe. (Das ist ein Satz, der sich ähnlich liest wie: »Die Langobarden benutzten Ochsenkarren, um die Alpen zu überqueren«.) Die Wählscheibe hatte den dramaturgischen Mehrwert, dass sich mit jeder gewählten Ziffer die Spannung steigerte. Ich meine, dass die betreffende Nummer 01121 lautete, ohne darauf bestehen zu wollen. Auf jeden Fall gehörte sie zum kleinen Kosmos der so genannten »Postansagedienste«, bei denen man sich über das Kinoprogramm der Stadt informieren konnte, über allgemeine Sportnachrichten sowie Fußballnachrichten im Besonderen.

War die Wählscheibe zum letzten Mal zurückgesurrt, war man durch, denn besetzt war nie. Am anderen Ende lief nämlich ein Tonband, und das muss man sich wörtlich so vorstellen. In einer Endlosschleife zog es seine Runden, und natürlich stieg man nie an der Stelle ein, zu der man wollte. Meistens hörte man zunächst »... trennten sich 2:2-Unentschieden«, und man wusste nicht, ob es das Ergebnis aus Uerdingen war, das aus Duisburg oder Karlsruhe. Also musste man die Ansage durchhören, etwa die komplette Mannschaftsliste von Bundestrainer Jupp Derwall fürs Länderspiel gegen Österreich in Wien. Oder es war die Auslosung der zweiten Runde im Europapokal der Landesmeister, der Pokalsieger und des Uefa-Cups zu verkünden. (Borussia Mönchengladbach würde sich noch wundern, als sie gegen den FC Dundee rausflogen.)

Das dauerte ewig oder fühlte sich zumindest so an, wirklich schlimm war es aber am Samstagabend. Dann war zwar von Auslosungen im Europacup und der Besetzung des Kaders des Nationalteams keine Rede mehr, doch waren die Ergebnisse der Auswahlwette 6 aus 45 zu verlesen. Bei dieser langsam aussterbenden Form der Fußballwette mussten aus 45 Partien sechs ausgewählt werden, die Remis endeten. So durfte man sich durch einen bunten Strauß von 45 Ergebnissen aus deutscher Bundesliga, First Division aus England oder Serie A aus Italien hören. Stieg man auf dem Band erst bei der zehnten Partie ein, hatte man längst eine schweißnasse Hand, bis die Mitteilungen endlich wieder am Anfang waren und die leicht metallische Frauenstimme verkündete: »Der Sportinformationsdienst Düsseldorf meldet ...« Aus Uerdingen meldete er meistens eine Niederlage, woran man sieht, dass beschleunigte Information ein relativer Fortschritt ist.

Land der Besiegten

Kurz lässt Henk Spaan den Kopf sinken, und das gibt seinem Eingeständnis noch zusätzliche Schwere. »Niemand in meiner Generation«, sagt er, »ist darüber hinweggekommen, dass wir das Finale verloren haben.« Im letzten Moment wurde ein großes Versprechen nicht eingelöst. In einem Moment, der auch in der Rückschau von drei Jahrzehnten der richtige gewesen wäre. »Auf die Mannschaft von 1974 hätte ich stolz sein können«, sagt Henk Spaan und schaut in seinem Haus an der Singelgracht in Amsterdam das Buchregal an, als ob dort die Antwort zu finden wäre. Vollgestopft ist es mit Fußballbüchern, doch keines vermag wirklich zu sagen, warum Cruyff, van Hanegem, Rep und die anderen holländischen Spieler auf dem Gipfel ihrer Kunst nicht Weltmeister wurden.

Der britische Autor David Winner schreibt in seinem Buch »Brillant Orange«: »Die Ereignisse des 7. Juli 1974 in München sind in die holländische Psyche so eingebrannt, wie Amerika immer noch der 22. November 1963 in Dallas verfolgt.« Winner räumt ein, dass es obszön wäre, exakte Parallelen zwischen der Ermordung Kennedys und der 1:2-Niederlage gegen Deutschland zu ziehen. Doch er führt eine Reihe von Zeugen an, die das Gewicht des verlorenen Endspiels belegen. Für einen von ihnen, den niederländischen Dramatiker Johan Timmers, ist es »das größte Trauma Hollands im 20. Jahrhundert, sieht man von der Flut 1953 und dem Zweiten Weltkrieg ab«.

Henk Spaan, der damals 28 Jahre alt war, klingt das

zu bedeutungsschwer, und er sagt, dass er vor allem als Fan leidet, »weil die Niederlage damals ungerecht war«. Spaan füllt in Holland eine Rolle aus, die so in Deutschland weitgehend unbesetzt ist, er ist ein Fußballintellektueller. Das heißt nicht, dass er ein Intellektueller mit Interesse am Fußball ist, sondern dass er Fußball mit intellektueller Schärfe und heiterer Distanz zugleich verfolgt. Er kann anders über das Spiel sprechen, als wir es hierzulande kennen, weil Fußball in Holland anders gedacht wird als bei uns. Leichter und unaufgeregter, zugleich jedoch mit ernsthaftem Interesse am Spiel.

Spaan hat zwei Bände mit Fußballgedichten veröffentlicht und ist Kolumnist der Tageszeitung *Het Parool*. Er ist seit zwölf Jahren Mitherausgeber des vierteljährlichen Fußballjournals *Hard Gras*, das als »Zeitschrift für Leser« mit großem Erfolg anspruchsvolle Reportagen und Essays publiziert. Einmal in der Woche ist der Mann mit dem weißgelockten Haarkranz im holländischen Fernsehen zu sehen, wo er mit leichter Ironie sein »Studio Spaan« moderiert.

Er hat das Erwachen selbst miterlebt, als Mitte der sechziger Jahre in Holland Berufsfußball eingeführt wurde und Ajax Amsterdam schon am Ende der Dekade neue Maßstäbe setzte. Dreimal in Folge gewann die Mannschaft um Johan Cruyff den Europapokal der Landesmeister zwischen 1971 und 1973, und Spaan war schon damals im Stadion. Der beste Club des Landes und bald auch die holländische Nationalmannschaft spielten zu jener Zeit den schönsten Fußball der Welt. »Total Football« nannten Journalisten die Idee einer neuen Totalität auf dem Spielfeld, bei der die Spezialisierung der Verteidiger, Mittelfeldspieler oder Stürmer durchbrochen wurde. Alle Spieler sollten alles können.

David Winner hat diesen Fußball mit einer überbordenden Fülle von Bezügen zu Literatur, Malerei und Architektur beschrieben. So sieht er in der damals entstandenen Spielweise die gleiche Abstraktion wie in den Bildern von Piet Mondrian. Eine seiner Hauptthesen ist, dass im holländischen Fußball das Raumverständnis höher entwickelt ist, weil im am dichtesten besiedelten Land Europas jeder Platz genutzt werden muss. Es gibt in den Niederlanden nur kultivierten und keinen natürlichen Raum, sogar dem Meer haben die Holländer noch Flächen abgetrotzt. »Wir sind wirklich schlau darin, Raum zu nutzen«, gibt Spaan zu, auch wenn er Analogien zwischen Fußball und den Künsten für Spielereien hält.

Doch es ist kein Zufall, dass ein englischer Autor wie David Winner sie gerade am holländischen Fußball entwickelt und nicht an dem seines Landes, am deutschen, italienischen oder spanischen. Der Idee von holländischem Fußball liegt nämlich ein ästhetisches Konzept zugrunde. Ein Traum von Schönheit, aus der Niederlage geboren und daher umso hartnäckiger verteidigt.

Am 7. Juli 1974 unterlag die Oranje Elftal im Olympiastadion von München im Endspiel der neunten Fußballweltmeisterschaft gegen die deutsche Mannschaft mit 1:2. Holland ging durch einen Elfmeter von Neeskens schon in der zweiten Minute in Führung, Breitner glich ebenfalls per Strafstoß aus. Müller schoss noch vor der Pause den Siegtreffer. Die Holländer hatten die Krönung einer Epoche verpasst, welche die ihre hätte sein können. Doch Johan Cruyff, Hollands größter Spieler aller Zeiten, sagt noch heute, dass ihm der Titel nicht so wichtig ist. Weil er immer wieder Menschen treffen würde, die ihm für den schönen Fußball danken, den das Team damals gespielt hat.

»Er hat die Niederlage rationalisiert«, glaubt Spaan. Doch Cruyffs Interpretation ist nicht nur eine Rationalisierung von Gefühlen, sie ebnet auch den Weg für eine andere Betrachtung des Spiels. In seinem Umgang mit der Niederlage ist der Schlüssel zum Verständnis des holländischen Fußballs zu finden. Cruyff bringt eine imaginäre B-Note für Schönheit ins Spiel, die im Fußball eigentlich nicht bewertet wird. Zumindest glaubt man das in Deutschland. »In Schönheit gestorben« hieß es bei uns, wenn eine Mannschaft zwar berauschend gespielt, aber nicht gewonnen hat. Man hört das zwar nur noch selten, aber immer noch spielt das schöne Spiel in Deutschland nur eine Nebenrolle, alles dreht sich um die Erfolge.

Schöner Fußball ist in Holland hingegen eine Obsession. Wobei Stürmen schön ist und nicht Verteidigen; Geschicklichkeit oder Tricks sind schön und nicht Kraft oder Ausdauer. »Auch bei uns weiß jeder, dass Technik beim Fußball funktionell ist«, sagt Spaan, »aber es ist kein Zufall, dass unsere Trainer immer wieder darauf hinweisen müssen, dass technisches Vermögen am Ball nicht um seiner selbst willen gezeigt wird.«

Auf den Straßen von Amsterdam spielen die Kinder von Migranten aus Surinam oder Marokko eine Variante von Fußball, die Basketball auf den Freiplätzen amerikanischer Städte ähnelt. Dabei treten zwei gegen zwei an und führen teilweise unglaubliche Tricks vor. Ein Höhepunkt ist es, wenn der »Panna« gelingt: dem Gegner den Ball zwischen den Beinen durchzuspielen. Die Straßenkicker in Amsterdam sind vernarrt in diese ultimative Geste spielerischer Überlegenheit. Ihre Gegenüber aus der Hafenstadt Rotterdam halten sich im Vergleich für »zakelijger«. Auch sie lieben den »Panna«, aber bevorzugen die Sachlichkeit mehr erzielter Tore.

Im Profifußball gibt es einen Zusammenhang zwischen Siegen und Geld, doch selbst da sind nicht Siege allein die Einheiten, in denen Erfolg gemessen wird. Ajax Amsterdam hat schon mal einen Trainer vor allem deshalb entlassen, weil er nicht schön genug hatte spielen lassen. Dem Vorstand des Clubs agierte das Team zu defensiv, sie wollten schöne Angriffe sehen. Der ehemalige Nationalstürmer Dennis Bergkamp sagte sogar: »Ich bin nicht daran interessiert, hässliche Tore zu schießen.« Er wollte eine Legende werden und war davon überzeugt, dass er diesen Status nur durch genug unvergessliche Tore erreichen konnte. Also hat Bergkamp, als er bei Arsenal London spielte, mit englischen Journalisten darüber debattiert, welches seine schönsten Tore waren. Das bei der WM in Frankreich gegen Argentinien? Das Tor in der Premier League gegen Leicester, über das Nick Hornby schrieb, Bergkamp hätte in diesem Moment drei Beine gehabt?

Es machte den Eindruck, als würde der Stürmer mit Kunstkritikern durch die Galerie seiner Meisterwerke schreiten. Bei einem deutschen Spieler wäre das kaum vorstellbar, weil bei uns die großen Meister des Spiels an ihrem Trophäenschrank gemessen werden. Der von Bergkamp ist leer geblieben, er hat nie einen internationalen Titel gewonnen.

Nach dem verlorenen Finale von München war das holländisch-deutsche Fußballverhältnis lange Zeit stark mit historischen und politischen Bedeutungen überladen. Besonders deutlich wurde es 1988, als das holländische Team im Halbfinale der Europameisterschaft das deutsche Team schlug und später den Titel gewann. Im Hamburger Volksparkstadion sangen die mitgereisten Fans: »Gebt uns unsere Fahrräder zurück.« Das war eine Anspielung darauf, dass die deutsche Wehrmacht nach der

Okkupation Hollands massenhaft Fahrräder konfisziert hatte. »Die Rache!«, titelte *De Telegraf* am Morgen nach dem 2:1-Sieg über Deutschland. Das bezog sich auf die Niederlage im WM-Finale von München, hatte aber noch andere Untertöne. Der englische Autor Simon Kuper, der in Holland aufwuchs, schreibt in seinem Buch »Football against the enemy«: »Der Sieg in Hamburg war nicht nur die Resistance, die wir nicht wirklich geleistet hatten, sondern auch die Schlacht, die wir eigentlich nicht gewonnen hatten.«

Diese Bezüge haben im Laufe der Jahre an Bedeutung verloren, doch Derbys zwischen den Nachbarn bleiben besondere Spiele. Zwischen Deutschland und Holland wird immer wieder auch ein Glaubenskrieg ausgetragen, wie Fußball zu sein hat. Wenn Dennis Bergkamp keine hässlichen Tore erzielen mag, ist Gerd Müller sein idealer Antipode. »Der Bomber« erzielte kaum ein erinnerungswürdiges Tor im Bergkamp'schen Sinne, traf dafür aber Hunderte von Male und sang darüber: »Dann macht es bumm!« Die holländische Nationalmannschaft ist bei großen Turnieren so oft im Elfmeterschießen ausgeschieden, dass der Eindruck entstand, als sei ihr diese reduzierteste Form zur Ermittlung eines Siegers zuwider. Johan Cruyff wurde auch legendär, weil er einen Elfmeter indirekt ausführte. Er schoss ihn nicht aufs Tor, sondern legte ihn zur Seite, von wo ein herbeilaufender Mannschaftskamerad verwandelte.

»Neurotisches Genie« hat David Winner in der holländischen Idee vom Fußball ausgemacht. Doch auch der deutsche Fußball pflegt eine Neurose – nur ist sie aus Siegen erwachsen. »Hierzulande zählt nur das Gewinnen, es wird nach dem Ergebnis gefragt und ob die kämpferische Einstellung gestimmt hat«, sagt Ottmar Hitzfeld.

Immer wieder in großen Turnieren kam die deutsche Nationalmannschaft ganz weit, weil sie ihre schmalen Ressourcen effektiv auszunutzen verstand. Bei der WM 2002 etwa konnte Henk Spaan es vor dem Fernseher in Amsterdam oft nicht mehr mit ansehen. »Michael Ballack hat den Eindruck gemacht, als würde er seine Fähigkeiten unterdrücken müssen, um in das Team zu passen«, sagt er und erinnert mit einem Aufstöhnen daran, dass Netzer beim Finale 1974 auf der Bank gesessen hat. Henk Spaan mag eigensinnig genug sein, um gegen die Mehrheit seiner Landsleute auch an Aspekten von Defensivfußball Spaß zu haben. Aber den wunderbaren Netzer mit seinen Pässen aus der Tiefe des Raums draußen zu lassen ist gegen jedes holländische Denken. Mit dem deutschen Denken wird es beim Fußball wohl keine Versöhnung geben. Nur immer neue Spiele.

Ausgerechnet Ptaszynski!

Warum rutschte ich eigentlich den Abhang hinunter, oder genauer gefragt: Warum war ich überhaupt hinaufgeklettert? Klar, die Ränge im Siegener Leimbachstadion waren ziemlich gut besetzt, und selbst wenn in meiner Erinnerung alles noch größer und gewaltiger erscheint, waren wirklich über zehntausend Zuschauer beim Spiel gewesen. Andererseits war ich damals 14 Jahre alt und groß genug, um einen Platz zu finden, von dem aus ich das Spiel gut hätte sehen können. Waren wir wegen Onkel Jürgen, der kein richtiger Onkel war, die Böschung hochgeklettert und hatten uns an den kleinen Bäumchen festgehalten? Oder wegen seines Bruders, den alle nur Fuzzi nannten? Beide waren kleiner als ich.

Nicht erklärbar ist mir dieser seltsame Ort auch deshalb, weil wir so früh angereist waren, dass nicht einmal die Kassen geöffnet hatten, wir sogar noch ein Jugendspiel auf dem Nebenplatz anschauen konnten und anschließend völlig freie Platzwahl hatten. Vielleicht war Onkel Jürgen so früh in Herne losgefahren, weil das seinem inneren Spielplan entsprach. Er war Torwart in der Kreisklasse, und weil es manchmal nicht zur ersten Mannschaft reichte, musste er in der Reserve auch schon mal zur Mittagszeit ran. Vielleicht war unser äußerst zeitiger Aufbruch aber auch nur eine Reverenz vor der Größe des Spiels. Denn dieses Match war verdammt groß.

Verbandsliga Westfalen, Gruppe 2 mag vielleicht nicht danach klingen, doch damals war diese Spielklasse nur eine Stufe unter der zweiten Liga, wohin die Wege jedoch äußerst verschlungen waren. Der Meister der Gruppe 2 musste sich nämlich zunächst gegen den der Gruppe 1 durchsetzen und war als Westfalenmeister dann für eine Aufstiegsrunde qualifiziert, in der zwei von drei Teams in die zweite Liga aufstiegen, die damals noch in die Gruppen Nord und Süd geteilt war. Doch so weit war Westfalia Herne am Tag unseres Ausflugs ins Siegerland noch nicht. Zwar führte die Mannschaft meiner Heimatstadt die Tabelle an, aber noch saßen ihr die Sportfreunde aus Siegen und der DSC Wanne-Eickel bedrohlich im Nacken. Besonders die Rivalität mit dem Club aus der Nachbarstadt hatte eine besondere Schärfe, seit beschlossen war, dass Herne und Wanne-Eickel mit der Gebietsreform von 1975 gemeinsam unter dem Namen Herne firmieren würden.

Das Spiel in Siegen war zwar nicht so emotional besetzt wie das Lokalderby, hatte aber den Charakter einer sportlichen Vorentscheidung. Dennoch wäre es gelogen, wenn ich sagen würde, dass in Siegen für mich alles anfing. Es stimmt aber, dass ich in dieser Saison zum Fan wurde. Ich ließ kein Heimspiel aus und war immer auf der Suche nach jemandem, der mich zum Auswärtsspiel mitnehmen würde. (Offensichtlich war ich nicht schlecht darin, denn eigentlich ging Nennonkel Jürgen nicht regelmäßig zu Westfalia.) Ich trug am Sonntagabend die Ergebnisse der Verbandsliga in eine Kastentabelle ein, sammelte die Stadionzeitung SCW-Report und die Bonuspunkte aus dem Kicker, mit denen man sich, wenn man alle komplett hatte, einen Starschnitt bestellen konnte. So hing irgendwann lebensgroß Reiner Bonhof an meiner Wand, obwohl ich ihn so richtig toll auch nicht fand. Ich hatte eine blau-weiße Fahne, die mir aber bald zu kindlich klein erschien und durch eine größere ersetzt wurde. Im Jahr danach würde ich mich sogar einem Fanclub anschließen, der »Die Ritter« hieß und sich in einer Discothek traf, in der auch schon mal ein Zuhälter zum Stiefeltrinken einlud, die wir aber bald wieder verlassen mussten, nachdem sie per Brandstiftung »heiß saniert« worden war. Fußball sorgte fortan für tolle Abenteuer mit seltsamen Typen, aber das beste Abenteuer war immer noch das Spiel selbst.

2:2 stand es in Siegen, als wir oben auf unserer Böschung hinter den Rängen des Leimbachstadions standen und kein Auge dafür hatten, wie schön es in einem bewaldeten Tal liegt. Ein Unentschieden bei einem Konkurrenten um die Tabellenspitze war prima, doch dann kam von links eine Flanke in den Strafraum der Sportfreunde geflogen und von rechts Karl-Heinz Ptaszynski. Ausgerechnet Karl-Heinz Ptaszynski! Waagerecht lag der kleine Verteidiger mit dem dünnen Schnauzbärtchen, der eigentlich nie Tore schoss, in der Luft. Aber jetzt begegneten sich sein Kopf und der Ball im richtigen Moment, und einen Moment später führte Westfalia Herne mit 3:2. Ich riss jubelnd die Arme hoch, verlor das Gleichgewicht und rutschte die Böschung hinunter. Die Hose war dreckig, aber das war egal, denn mit 3:2 endete das Spiel. »Der ruhmreiche SCW«, wie mein Vater immer spottete, verteidigte die Tabellenspitze bis zum Saisonende, gewann die Westfalenmeisterschaft und stieg in die zweite Bundesliga auf. Fußball war einfach wunderbar.

Wir sehen alle gleich aus

Es hätte das Paradies für einen Fußballreporter sein können. Man stelle sich vor, während einer Fußball-Europameisterschaft sei man in dem Hotel einquartiert, in dem auch die meisten Mannschaften wohnen. Morgens beim Frühstück trifft man auf dem Weg zum Kaffee die Russen, während die Holländer schon Schokolade aufs Brot streuseln und die Dänen eifrig übers Müsli hinweg schwatzen. Man zwinkert Wayne Rooney zu, wenn er sich Rührei holt, fragt Fabio Cannavaro, ob alles in Ordnung ist, und verabredet mit Michael Ballack ein kurzes Interview für die Mittagspause. Um diese Zeit hängen auch die Nationaltrainer in der Lobby ab und freuen sich auf einen Plausch.

Unvorstellbar ist das heutzutage, und mir kam es wie die Mitteilung aus einer untergegangenen Welt vor, als ein älterer Kollege davon erzählte, wie er in England bei der Weltmeisterschaft 1966 nach dem Spiel gegen Deutschland in der Kabine der Spanier saß. Drum herum beklagten die großen Suárez, Gento oder Sanchiz ihre Niederlage und waren sogar zum Gespräch bereit, nur hätte er dazu Spanisch sprechen können müssen. Also saß mein Kollege nur da, schaute, staunte und verstand leider kein Wort.

Im Januar 1982 im Senegal war das primäre Problem im Hotel Ngor, das vor den Toren der Hauptstadt Dakar an einem Sandstrand lag, jedoch nicht das der fremden Sprachen. Anlässlich der Afrikameisterschaft waren dort, abgesehen vom Gastgeber, alle anderen Mannschaften untergebracht und schlurften beim Frühstück an einem vorbei, weil die Journalisten im selben Hotel wohnten. Das war ein Traum für jeden Fußballreporter, doch es gab eine ganz andere Hürde zu überwinden. Denn so toll es war, mit Ghanas Fußballlegende Abedi Pelé am Pool zu sitzen, mit Nigerias Stürmergott Rashidi Yekini oder dem sagenumwobenen sambischen Mannschaftskapitän Kalusha Bwalya abends ans Buffet zu gehen, war es blöd, nicht genau zu wissen, wer eigentlich wer ist. Und die Frage, »Excuse me, are you Rabah Madjer?«, das merkt man schnell, verbietet sich.

Außerdem hat man als Europäer in Afrika selbst beim Fußball stets mit der Kolonialgeschichte zu tun. Das Geschacher um Spieler hatte damals viel von Sklavenhandel, denn die Vermittler waren windig, und die europäischen Nationaltrainer verbreiteten dazu seltsame rassekundliche Thesen, nach denen ihre afrikanischen Spieler denen aus Europa aufgrund anderer Muskelstränge im Unterschenkel überlegen seien. In dieser eigenartigen Atmosphäre schien sich nicht nur die Frage zu verbieten, wer denn nun wer ist, sondern auch der Gedanke »Die sehen alle gleich aus«.

Na gut, die Nordafrikaner aus Algerien und Marokko konnte man nicht mit den schüchternen Kenianern und den ruppigen Nigerianern verwechseln. Das erleichterte die genauere Identifizierung aber nur teilweise. Also war schrittweise vorzugehen, mit Nachfragen bei Kollegen oder der Entourage der jeweiligen Nationalteams. Bei den Nigerianern gehörte Chris dazu, der irgendwie fürs nigerianische Fernsehen arbeitete, aber auch für den Nationaltrainer und als Spielervermittler zudem. Etwas windig war auch er, aber zugleich nett und hilfsbereit, wenn es darum ging, die Spieler beim richtigen Namen zu nennen. Mit Chris konnte man daher irgendwann das »Die sehen alle gleich aus«-Tabu besprechen. Er selber kam sogar darauf, weil er schon in Europa gewesen und bei seinem ersten Besuch in völlige Verwirrung geraten war. Er konnte sich zunächst nämlich nicht merken, wen er schon kennengelernt hatte und wen nicht, weil diese Weißen alle gleich aussahen.

Da lachten wir herzlich, und als ich zehn Jahre später während der Weltmeisterschaft in Korea für einige Tage im selben Hotel wie die Nationalmannschaft der Gastgeber wohnte, fiel es mir wieder ein. Da ging die Lifttür auf, und vor mir stand Hong Myung Bo. Oder war es doch Hwang Sun Hong? Ich hatte keine Ahnung, aber auch kein schlechtes Gewissen mehr.

Bus zur Mixed Zone

Man kann mich als naiv verspotten, aber immerhin hatte ich die Information direkt vom Pressesprecher der Afrikameisterschaft 2006 bekommen, und der hatte überzeugend behauptet, beim Auftaktspiel dürfe man keine Mobiltelefone mit ins Stadion nehmen. Sie würden am Eingang konfisziert, man bekäme eine Marke und mit Hilfe dieser nach Spielende sein Handy wieder zurück. Das sei zwar eine Ausnahme, die Anwesenheit von Ägyptens Staatspräsident Hosni Mubarak würde sie notwendig machen. Gut, ich deponierte mein Telefon im Pressezentrum, und als wir den Journalistenbus am Internationalen Stadion Kairo verließen, passierten wir ein halbes Dutzend Kontrollen, an denen sich niemand für Handys interessierte, während die Zuschauer ringsum so eifrig wie unbehelligt telefonierten.

Vielleicht hätte ich schon da verstehen können, dass in Ägypten die Information ganz im Zeichen der Sicherheit stand. Aber ich brauchte noch einige Tage, bis ich richtig verstanden hatte und mir auch klar wurde, dass es hier keinen Sprechchor geben würde, der unserem »Ihr könnt nach Hause fahren« entspricht. Selbst wenn ihr Team bei der Afrikameisterschaft aussichtslos zurücklag, hätten die mitgereisten Fans gar nicht nach Hause gehen können, weil die Stadiontore bis zum Schlusspfiff abgeschlossen waren und man nur mit viel Glück ein Schlupfloch nach draußen fand.

Auch das diente der Sicherheit, die im ganzen Land ein

großes Thema ist, weshalb traurige Polizisten einsame Kontrollposten auf Kairos Stelzenautobahnen einnehmen, wo es bis zur nächsten Abfahrt eine halbe Stunde Fußweg ist. Dort sitzen sie so stoisch im Smog wie ihre Kollegen im Stadion, die in prächtiger Präsenz vor allem die Spiele der Gastgeber zu sichern wussten. In Dreierreihen rahmten sie die Blöcke im Stadion zum Spielfeld und an den Seiten ein und ließen sich von nichts beeindrucken, selbst von den Libyern nicht. Die schickten eine schlechte Mannschaft und rabiate Fans, die sich beim zweiten Teil eines Doppelspieltags zu langweilen begannen. Ihr Team hatte schon gespielt und wieder verloren, das Stadion verlassen durften sie nicht, also demolierten sie ihre Kurve. Erst waren nur Plastikflaschen zu den Ägyptern im Oberrang geflogen, dann sausten Sitzschalen hinterher. Die Stoiker mit Helm und Schild aber rührten sich nicht einmal, als auch sie ein paar Sitze in den Nacken bekamen; wohl deshalb, weil das Zerstörungswerk der Libyer die Sicherheit nach ägyptischem Verständnis nicht gefährdete, beendeten sie es erst nach zwanzig Minuten.

Damit kein Missverständnis aufkommt: Hier soll nicht schon wieder orientalisches Durcheinander gegen angebliche westliche Effizienz ausgespielt werden. Schließlich hatten die Ägypter uns Journalisten bessere Arbeitsbedingungen als in Europa geschaffen, denn bei uns wird in Pressezentren und auf Stadiontribünen kein draht- und kostenloser Hochgeschwindigkeits-Internetzugang zur Verfügung gestellt. Oder Shuttlebusse von zentralen Orten der Stadt zum Stadion (»Seien Sie nicht böse, morgen kommt er ganz bestimmt«).

Überhaupt verdanke ich der Afrikameisterschaft in Ägypten eine der bemerkenswertesten Busfahrten, die ich je unternommen habe. Als die Partie zwischen Ghana und Nigeria in Port Said am Suezkanal abgepfiffen war, wollte ich zur Mixed Zone gehen, um dort mit Trainern und Spielern zu sprechen. Diese befand sich wie die Umkleidekabinen nicht in der Haupttribüne, sondern in einer Kurve. Auf dem Weg dahin hielten mich aufgeregte junge Menschen auf und schoben mich zu einem wartenden Reisebus. »Der geht zur Mixed Zone«, hieß es, und weil sie so drängten, stieg ich ein. Vielleicht gab es ja Sicherheitsprobleme. Im Schritttempo fuhren wir, geleitet von einem Polizeimotorrad, entlang der Haupttribüne, bogen hinter dieser rechts ab und fuhren nun entlang einer Hintertortribüne, bogen wieder rechts ab, dort ging es entlang der Gegentribüne, dann bogen wir erneut rechts ab und fuhren hinter die Kurve mit der Umkleidekabine. O.k., zurück ging ich zu Fuß und glaubte auch den flehentlichen Rufen nicht, die behaupteten: »Nehmen Sie bitte den Bus, es ist sehr weit!« Ja klar, und am Stadiontor muss man sein Handy abgeben.

Die Texte in diesem Buch wurden überarbeitet und aktualisiert. Sie sind vorher in Die Tageszeitung, Süddeutsche Zeitung, Die Zeit und Spiegel Special erschienen. Ich danke den Kollegen in den Redaktionen, die zu ihrem Entstehen beigetragen haben, vor allem Lothar Gorris, Klaus Hoeltzenbein, Frank Ketterer, Matti Lieske, Moritz Müller-Wirth, Milan Pavlovic, Andreas Rüttenauer, Ludger Schulze, Phillip Selldorf, Henning Sussebach, Thomas Winkler – außerdem Uli Fuchs. Ein besonderer Dank gilt Günther Janssen.

**Weitere Titel bei
Kiepenheuer & Witsch:**

Christoph Biermann
Fast alles über Fußball
KiWi 910
Originalausgabe

Christoph Biermann
Wenn du am Spieltag beerdigt wirst,
kann ich leider nicht kommen
Die Welt der Fußballfans
KiWi 383
Originalausgabe

Christoph Biermann/Ulrich Fuchs
Der Ball ist rund, damit
das Spiel die Richtung ändern kann
Wie moderner Fußball funktioniert
Mit einem Vorwort von Ottmar Hitzfeld
KiWi 702
Originalausgabe

Paperbacks bei Kiepenheuer & Witsch www.kiwi-verlag.de